*Eso no estaba en mi libro de
historia del salvaje Oeste*

JOHN C. R. BELL

Eso no estaba en mi libro de historia del salvaje Oeste

ℙ
ALMUZARA

Editorial Almuzara • Colección Historia
Director editorial: Antonio Cuesta
Editor: Alfonso Orti

www.editorialalmuzara.com
pedidos@almuzaralibros.com - info@almuzaralibros.com

Editorial Almuzara
Parque Logístico de Córdoba. Ctra. Palma del Río, km 4
C/ 8, Nave L2, n.º 3. 14005, Córdoba

Imprime: Black Print
ISBN: 978-84-11315-69-2
Depósito legal: CO-706-2023
Hecho e impreso en España - *Made and printed in Spain*

Para Russell, Audrey y Harry, que ya no están, y para M.ª Ángeles, que sí.

Índice

Prólogo

Detalle de *Wagon Boss*, óleo sobre lienzo [Charles M. Russell, 1909].

«América: tierra de oportunidades». Sin duda, todos los niños estadounidenses han escuchado esta frase en algún momento de su vida. Es un sentimiento con el que crecí, igual que lo hizo mi familia antes que yo, y ese mismo sentimiento que inspiró a miles de personas a viajar a través de las extensas aguas que rodean el continente americano y atravesar sus llanuras sin fin, sus valles y sus sierras nevadas. La creencia de que había oportunidades y una nueva vida en América impulsó a mi décimo bisabuelo, William Bradford, a unirse al viaje a bordo del barco Mayflower en 1620 y viajar desde Inglaterra para construir el primer asentimiento democrático permanente en Massachusetts. La esperanza de que una nación nueva e independiente —fundada en los principios de la vida, la libertad y la búsqueda de la felicidad— pudiera brindar oportunidades a todos los hombres y mujeres inspiró a mis antepasados a servir, junto con George Washington, en la Revolución americana.

Pero, por más que la búsqueda de oportunidades estuvo presente en el nacimiento de la nación, no existió en todos los lugares ni en todos los periodos de los Estados Unidos. La oportunidad no estaba presente para quienes trabajaron en las plantaciones en Virginia y Georgia o para los que fueron al campo de batalla de Gettysburg. No estaba presente en los estados cuyas convicciones firmes los llevaron a rechazar los valores fundacionales de los Estados Unidos y levantar una bandera rebelde. Más bien, la esperanza de que América ofrecía oportunidades para todos los hombres se reavivó fuera del alcance de la desunión y las causas que los dividieron. Lo que algún día se convertiría en el sueño americano echó raíces permanentes más allá del río Misisipi, en un periodo entre el advenimiento de la guerra civil y los comienzos del siglo xx; es decir, en el salvaje Oeste.

De todos los capítulos de la historia de los Estados Unidos, es el del salvaje Oeste el que más páginas tiene escritas sobre la migración masiva de hombres, mujeres y niños a la costa del Pacífico y el que protagoniza la búsqueda de oportunidades en América. Fue el momento en el que mineros, jugadores y forajidos viajaron hacia lo desconocido, apostando todo con la esperanza de encontrar su parte del oro escondido en la tierra occidental. El tiempo en el que los soldados, representantes de la ley y políticos se marcharon hacia los diversos pueblos que surgieron de la noche a la mañana ante el susurro de un puesto seguro. Fue una época en la que algunos arriesgaron sus vidas para reclamar un pedazo de tierra para vivir y otros buscaban la forma de ganar renombre, mientras que un gran número de personas más se esforzó para escapar de las dificultades que se extendían hacia el este. Fue el periodo de figuras notorias como Jesse James, Toro Sentado, Buffalo Bill, George Custer y Wild Bill Hickok, así como de todos los vaqueros, bandidos, agentes de la ley y estadounidenses menos conocidos cuyas actividades guiaron sus pasos a estados como Misuri, Montana, Colorado, Tejas, y California.

Lo que unió al pueblo estadounidense en este tiempo tan caótico de levantamiento, desorden, división nacional y reconstrucción no fueron el patriotismo, las creencias en la igualdad o una causa común: fue la búsqueda de oportunidades. Dentro de las páginas de este libro está la historia de aquellos hombres y mujeres que dirigieron sus esperanzas y su camino en pos de aquellas oportunidades. A través de sus vivencias, este texto relata la experiencia humana en el oeste e incluye el testimonio de los forajidos que quisieron hallar su suerte en las cámaras de los bancos, las memorias de los formidables indios que lucharon por el control de la tierra del oro, los recuerdos de los pistoleros que levantaron sus armas por un puñado de fichas de póquer y todo lo que no estaba en mi libro de historia del lejano Oeste cuando era niño.

¿Qué fortuna encontraron aquellos que viajaron a lo desconocido? Quizá, querido lector, este libro sea su oportunidad para descubrirlo.

Portada de un ejemplar de *Sunset*, la revista de California y el lejano Oeste (1904) [Library of Congress].

I
UN CAMBIO DE SUERTE

Cuando era niño, era consciente del hecho de que el salvaje Oeste vivía en mi hogar en más de un sentido. Teníamos libros de folclore occidental y álbumes de vinilo de viejas canciones de vaqueros. Teníamos disfraces de pistoleros y yo llegaba a casa de la escuela con dibujos de indios y *cowboys*. El salvaje Oeste también estaba presente en todos los juegos de niños de mi edad.

Años antes de que pudiéramos pasar el tiempo con teléfonos móviles, tabletas digitales y similares, una de las diversas formas en que mis hermanos y yo nos divertíamos (ya fuera el fin de semana, en un día lluvioso o en las horas ociosas de la tarde) era jugando a las cartas. La persona encargada de organizar las sesiones solía ser mi hermano mayor y, en esas ocasiones, buscaba su baraja antigua, sacaba un juego de fichas de la estantería y pasábamos las horas jugando a uno de los juegos más populares del salvaje Oeste: el póquer.

Ahora lo pienso y, para mí, el póquer nunca fue el juego al que quería jugar, pero, siendo el pequeño de tres hermanos, tenía poco que decir al respecto. Sin embargo, a pesar de mi insatisfacción general con la elección del juego, estaba bastante feliz de tener la oportunidad de jugar con mis hermanos. El único problema era que las reglas no me quedaban claras al cien por cien y, por esa dificultad fundamental, solían surgir disputas cada vez que nos sentábamos a jugar. Tenía claro (por ejemplo) que los reyes, las reinas, las jotas y los ases eran buenos y que tenía que conseguir pares, pero, cuando llegó el momento de jugar en un día lluvioso, me sorprendió desagradablemente aprender que mi mano —que había consistido en un par de reinas y otra de jotas— no tenía valor frente a la secuencia de cartas de mi hermano, que fue lo que se conoce en el póquer como una «escalera». Recuerdo lo frustrante que fue cuando, en otro juego de apuestas altas, entendí que mis tres ases eran muy inferiores a lo que, a mis ojos de niño, era una mezcla de números sin sentido (pero resultaron ser cinco cartas del mismo palo, una jugada conocida como un «color»). Tales pérdidas aplastantes me hicieron sospechar que mis hermanos, en realidad, sabían poco más que yo; que inventaron combinaciones de cartas «ganadoras» y que todas sus escaleras y colores eran intentos débiles de aprovecharse de su ingenuo hermano pequeño. Entonces, para no dejarme engañar por mis rivales de póquer, decidí seguir las reglas de su juego torcido y hacer algunas trampas yo mismo.

Un jornalero de Nueva Iberia, Luisiana, jugando con su hijo al póquer a penique (Russell Lee, 1938) [Library of Congress].

Primero, traté de ganar aquellas partidas trucando la baraja, esforzándome un poco antes de cada sesión de juego para colocar secretamente las cartas en un orden particular. De esta manera, solo yo obtendría las cartas con figuras y sus posibilidades de ganar se reducirían considerablemente. Fue una pena que estas primeras pruebas casi siempre fracasaran, ya que mi hermano mayor barajaba hábilmente el mazo antes de cada juego, y, al descubrir que mis esfuerzos casi nunca lograban convertirme en ganador, decidí cambiar de táctica poco después. Mi siguiente intento fue esconder cartas que sentía que me darían una ventaja injusta sobre mi persona (en las mangas de mi camisa, en mis bolsillos...). Por supuesto, siendo pequeño, era torpe y completamente inconsciente de lo que era una «cara de póquer»; mi carrera como tramposo de cartas sumó un desastre tras otro.

Con los años, otros juegos, además del póquer, se abrieron camino en nuestro hogar. Probamos *craps* y *chuck-a-luck*, juegos de dados que solía perder porque mis apuestas con respecto a qué número podría aparecer en una tirada dada, casi nunca eran correctas. Jugábamos *blackjack*, donde mis decisiones arriesgadas rara vez me permitían poseer un juego de cartas cuyo total sumara veintiuno. Jugué (y perdí) «faro», un juego en el que las dos cartas extraídas —una ganadora y otra perdedora— determinaban tanto la fortuna de un jugador como su capacidad para predecir el futuro. Para resumir, la casa siempre parecía ganar, a pesar de la frecuencia con la que protestaba o los trucos variados que intentaba usar en cada partida.

Ahora, años después, no puedo evitar sentir cierta diversión al ver cómo todos estos juegos llevaron a algún tipo de conflicto, especialmente en los momentos en los que intentaba cambiar discretamente mi apuesta o echar un vistazo a la baraja. Nuestros desacuerdos, sin embargo, nunca tuvieron consecuencias importantes, ya que solían terminar con un montón de fichas de póquer dispersas y tres hermanos enfadados. Mirando hacia atrás en la historia, donde estos juegos tuvieron su mayor impacto, es sorprendente cómo las peleas infantiles de nuestro hogar parecen inofensivas en comparación con los tipos de enfrentamientos que provocaban los juegos de azar en el viejo Oeste. Todo lo que solíamos jugar cuando éramos niños (póquer, faro, *chuck-a-luck*, *craps*, *blackjack*) eran pasatiempos empleados en la miríada de salones y casas de juego que surgieron a lo largo de la frontera estadounidense en el siglo XIX. Y, para aquellos hombres y mujeres que practicaban el juego como profesión, los problemas asociados con estos juegos eran mucho más complejos y violentos que cualquier cosa que pudiéramos experimentar siendo niños.

Esto no quiere decir que todos los jugadores en la historia del salvaje Oeste terminaron sus carreras al final de una cuerda o un cañón de pistola, ya que hubo jugadores veteranos que lograron retirarse con éxito y otros que, en marcado contraste, desaparecieron silenciosamente, llevándose consigo la deuda, el licor y una tumba temprana. No obstante, las historias personales de los jugadores que lograron influir en nuestra comprensión del Oeste revelan cómo las notorias reputaciones, las feroces rivalidades y las estafas que acompañaban al estilo de vida del jugador profesional a menudo conducían a enfrentamientos que marcaban la línea entre la vida y la muerte. Las historias de estas figuras históricas relatan cómo aquellos que se encontraban en el epicentro del negocio de los juegos de azar, ya fueran jugadores o anfitriones, en sus intentos de beneficiarse de las oportunidades presentes en el Oeste, se encontraron en una serie de giros dramáticos en los que jugaron algo más que sus fortunas.

LA RIVALIDAD

De todos los jugadores en la historia del salvaje Oeste, posiblemente la figura más famosa que alguna vez esperó ganarse la vida en la mesa de póquer fue el notable pistolero James Butler Hickok. Más conocido como Wild Bill, James Hickok ganó notoriedad en el siglo XIX en parte gracias a un artículo, escrito por George Ward Nichols para *Harper's New Monthly Magazine*, que detallaba una disputa que involucró deudas de juego, mujeres y un duelo mortal con armas. El tiroteo mencionado en el artículo, de febrero de 1867, fue solo uno de los muchos en los que Wild Bill se enredó durante su vida y, al igual que este, un buen número de estos tiroteos tuvieron gran repercusión. Pero el evento que le valió a Hickok su fama eterna no fue el resultado de un enfrentamiento reseñado en los titulares nacionales o un artículo que idealizó sus hazañas, sino más bien su ejecución durante un juego de póquer el 2 de agosto de 1876.

Varios relatos e informes, como el del *Advertiser-Courier* del 25 de agosto de 1876, atestiguan que Wild Bill Hickok estaba jugando en un salón del pueblo minero de Deadwood cuando el jugador y hombre local Jack McCall se acercó a su silla por detrás, sacó una pistola y le disparó a Bill en la cabeza. La noticia de la muerte de Hickok y la del subsiguiente juicio de McCall aparecieron en editoriales de San Francisco a Nueva York poco después, ofreciendo informes directos, si no abreviados, del incidente. Otras publicaciones, como la investigación de 1926 del historiador Frank Wilstach, *Wild Bill Hickok: The Prince of Pistoleers*, agregaron entrevistas y detalles adicionales algunos años después. La suma de estas publicaciones puede proporcionar una visión bastante precisa de la secuencia de eventos detrás del asesinato, aunque, en el recuento, algunos detalles han ganado más fama que otros.

Hay muchos relatos modernos, por ejemplo, que explican cómo Bill solía ser muy cauteloso y, a menudo, se sentaba de espaldas a la pared. Sin embargo, el día de su muerte sucedió que su silla habitual había sido ocupada, por lo que Hickok se vio obligado a ocupar un lugar menos seguro de lo que hubiera deseado. Un segundo detalle célebre que suele destacarse (recordado por el barbero de Deadwood, Ellis Peirce) es la combinación de cartas que el apostador tenía en la mano aquel día: una pareja de ases y otra de ochos. En el siglo XX, esa combinación tomó el nombre de «la mano del hombre muerto» y, desde entonces, ha sido representada en el cine y la televisión una y otra vez como un presagio de la muerte de quien la sostiene. Estos pequeños detalles son popularmente conocidos y aparecen en muchos artículos e investigaciones sobre la muerte de Wild Bill, pero, si bien son interesantes y agregan carácter al evento histórico, más importantes (y posiblemente menos discutidos) son los motivos principales detrás del asesinato de Hickok.

James Butler «Wild Bill» Hickok (1837-1876).

En su defensa en el juicio, el asesino Jack McCall afirmó que, antes del tiroteo en Deadwood, Wild Bill había disparado a su hermano y amenazó con hacerle lo mismo a McCall si alguna vez volvían a cruzarse en sus caminos. Aunque McCall no ofreció pruebas ni testigos para respaldar estas declaraciones, su versión de los hechos apareció en una serie de periódicos y se convirtió en uno de los relatos más repetidos del acontecimiento. Con todo, el testimonio del residente de Deadwood Carl Mann cuenta una historia diferente. Como se detalló en el *Press and Daily Dakotaian* (5 de diciembre de 1876), el operador del salón Carl Mann testificó que, poco antes del tiroteo, Wild Bill y McCall habían jugado varias partidas de póquer juntos. McCall había entrado y salido del salón varias veces y ganó una buena cantidad al principio...

… McCall sacó y midió un poco de polvo de oro para conseguir algunas fichas de póquer para jugar con Bill y los demás. McCall ganó veintitrés o veinticuatro dólares. No estoy seguro de la cantidad. Luego salió, volvió y jugó de nuevo. Después de jugar un tiempo, sacó una bolsa de su bolsillo y apostó cinco o seis dólares y Bill apostó veinte o veinticinco más. McCall empujó su bolsa hacia el tablero y dijo: «Te igualo la apuesta». Bill ganó y vinieron al bar y me pidieron que pesara veinte o veinticinco. A la cartera le faltaban dieciséis dólares y cincuenta centavos. (...) [McCall] regresó poco después y Bill dijo: «¿Te rompí?». McCall dijo: «Sí». Bill le dio todo el cambio que tenía, setenta y cinco centavos, para comprar su cena y le dijo que, si salía como ganador en la partida que estaba jugando, le daría más. McCall no aceptó el dinero y salió después de quince o veinte minutos.

En los registros judiciales, Carl Mann indica que Jack McCall, finalmente, perdió todo ante Wild Bill, lo que sugiere que el agravio entre los dos jugadores no era una cuestión de venganza personal por un miembro asesinado de la familia, sino algo alimentado por la rivalidad que había surgido durante el juego. Declaraciones adicionales de Mann detallan brevemente cómo otros residentes, en una conversación con Jack McCall después del asesinato, propusieron la historia de Wild Bill matando al hermano de McCall, posiblemente para que sirviera como una súplica estratégica y emocional al juez y al jurado. La idea de que McCall había inventado el motivo del asesinato también es apoyada por el *Arkansas City Traveler* (13 de septiembre de 1876), que publicó: «McCall admite que Wild Bill nunca mató a un hermano suyo, pero que mató a Wild Bill porque le arrebató una carta durante el progreso de un juego entre ellos». Aunque, lejos de ser concluyentes, estos relatos plantean dudas sobre la historia de Jack McCall. El informe del *Traveler* es creíble en el sentido de que Jack McCall tenía motivos para mentirle a un jurado, al igual que la versión de los hechos de Carl Mann, ya que él había sido la persona que midió las fichas y las ganancias de los juegos de cartas en cuestión. Pero, más allá de Mann y el artículo del periódico, la idea de que el asesinato se produjo como resultado del antagonismo entre los dos jugadores es una posibilidad muy real, principalmente debido al hecho de que Wild Bill había estado en una situación similar antes.

Así anunciaba el asesinato de Wild Bill Hickok *The Black Hills Pioneer*,
periódico de la ciudad de Deadwood (Dakota del Sur), el 8 de junio de 1876.

El artículo original de *Harper's New Monthly Magazine* de 1867 que publicitó por primera vez a Wild Bill Hickok a los lectores de todo el país surgió, en parte, como fruto de la rivalidad entre Bill y el jugador profesional Davis Tutt. Según la publicación, Tutt y Hickok se conocían desde hacía algún tiempo, pero, para el verano de 1865, la relación entre los dos jugadores se había agriado. La animosidad abierta se manifestó cuando, el 20 de julio, Wild Bill se negó a permitir que Davis se uniera a un juego de póquer. No dispuesto a dejar que Bill se saliera con la suya, Tutt comenzó a prestarle dinero al oponente de Hickok con la esperanza de que su suerte se acabaría tarde o temprano. Sin embargo, a pesar de la persistencia de Tutt, Hickok ganó mano tras mano a lo largo de la partida, reuniendo cerca de doscientos dólares al final del juego. Habiendo perdido una buena cantidad de dinero, Tutt exigió que Wild Bill pagara una serie de deudas anteriores acumuladas, cuyo total no acordaron los dos hombres. Como la conversación no llegó a una conclusión satisfactoria, Davis Tutt decidió recoger el reloj de bolsillo de Wild Bill de la mesa como garantía y, para colmo de males, optó por aparecer en público al día siguiente llevando la propiedad perdida puesta. Provocado por el intento de avergonzarlo, Bill desafió al jugador a un duelo, a lo que «Tutt luego mostró su pistola», lo que condujo al primer duelo de armas de desenvainado rápido registrado en el salvaje Oeste, y el evento que acabó con la vida de Davis.

Si las historias propuestas por la revista *Harper's New Monthly Magazine*, el periódico *Arkansas City Traveler* y el testimonio de Carl Mann contienen algo de verdad —que la enemistad entre los jugadores condujo a los dos encuentros mortales—, entonces se puede decir que la carrera de juego de Wild Bill había estado marcada por la rivalidad más de una vez. No obstante, aunque el legado de Wild Bill Hickok puede servir como un ejemplo de competencia mortal en el Oeste, hay otros jugadores cuyas experiencias con el peligro entre los salones de juego de la frontera superaron las del hombre que protagonizó el primer duelo de pistolas registrado del Oeste.

PUTTING UPON HIM.

Viñetas en *Harper's New Monthly Magazine,* febrero de 1867. Arriba: derrotado en el póquer, Davis Tutt se apropia del reloj de Wild Bill como pago por deudas pasadas. Abajo: tras disparar a Tutt, «sin esperar a ver si lo había alcanzado», Bill se gira y desafía a los amigos de este, que habían desenfundado sus armas.

"ARE YOU SATISFIED?"

Luke Short fue uno de estos hombres y, en su época, se ganó una reputación casi legendaria, con periódicos como el *Lexington Herald-Leader* (9 de septiembre de 1891) describiéndolo como un hombre que tenía una destreza sin igual con las armas de fuego y que una vez, al descubrir una mosca en su vaso de leche, «arrojó el contenido al aire, sacó un revólver, disparó a la mosca, atrapó la leche en el vaso y se la bebió tranquilamente». Mirando más allá de lo que solo pueden considerarse cuentos fantásticos, Luke Short fue la figura central de una serie de disputas a lo largo de su carrera como jugador, muchas de las cuales terminaron con pistolas desenvainadas. Algunas de estas hazañas fueron registradas por el representante de la ley, el periodista Bat Masterson, quien mantuvo una amistad con el jugador durante años. En su artículo biográfico «Luke Short: A Dandy Gunfighter» (1907), Masterson detalla cómo uno de los primeros encuentros que experimentó Short sucedió cuando «se enfrentó a un hombre malo con un arma» en el campamento minero de Leadville, Colorado, en 1879.

El problema comenzó cuando el supuesto canalla, que ostentaba fama de asesino, pretendió cobrar las apuestas de Luke Short en un juego de faro. El crupier, sabiendo algo de la reputación del otro (y no deseando violencia), intentó resolver la situación pagando a ambos hombres la suma en disputa, pero Luke no estaba dispuesto a permitir que el jugador oponente reclamara lo que él había ganado legítimamente. Desafortunadamente, su rival tampoco tenía intención de ceder y los dos hombres se enfrentaron en un punto muerto hostil. En medio de todo esto, Luke Short decidió actuar antes de que el jugador pudiera tomar la delantera y terminó la confrontación sacando su pistola y disparando una bala en la mejilla del hombre. El disparo no mató al jugador, lo que le permitió a Short evadir la ley y pasar a otras ciudades fronterizas del Oeste para ganar renombre, pero, aunque la suerte parecía estar de su lado, los problemas nunca tardaron en llegar.

Dos años más tarde, el 25 de febrero de 1881, Bat Masterson fue testigo de cómo Luke Short se enfrentó a otro jugador,

Luke L. Short (1854-1893).

Charlie Storms, en la ciudad de Tombstone, Arizona. Short había estado trabajando como crupier de faro en uno de los establecimientos más famosos de la ciudad —la casa de juego Oriental— la noche en que Charlie Storms se unió a los clientes en la mesa de juego. Con el paso de las horas, Storms empezó a manifestar su desprecio por Luke, bebiendo, insultando y amenazando a Short mientras repartía cartas. La tensión que existía entre ambos solo aumentó a medida que Charlie Storms tomaba licor y, finalmente, llegó a un punto de inflexión cuando los dos hombres hicieron movimientos para alcanzar sus pistolas. Conociendo la habilidad de Luke Short, Bat Masterson intervino para neutralizar la situación explosiva: sacó a Charlie Storms de la casa de juego y lo envió a su dormitorio. Sin embargo, la calma posterior duró poco, ya que, en ese momento, Luke Short se había convertido en el blanco del disgusto de Storm y, en unos pocos minutos, el jugador estaba de regreso en el Oriental, listo para un tiroteo. Masterson describe cómo Charlie Storms agarró a Luke Short y, en la lucha que siguió, «Luke pegó el cañón de su propia pistola contra el corazón de Storms y apretó el gatillo... Storms estaba muerto cuando golpeó el suelo».

Luke Short tuvo varios encuentros peligrosos más cuyo origen (como los de Leadville y Tombstone) se encuentra en la mesa de juego, pero dos de estos episodios son de especial interés. El primero ocurrió en 1883, cuando Luke operaba el Long Branch Saloon en Dodge City durante el apogeo de los históricos movimientos trashumantes de ganado de Kansas. En este periodo, Short prosperó y, debido al éxito de su empresa de apuestas, pronto entró en competencia directa con el alcalde de la ciudad, A. B. Webster, que tenía un establecimiento similar. Varias fuentes, incluidos el periodista Bat Masterson, el *Oakland Tribune* (5 de marzo de 1887) y el *Lexington Herald-Leader* (9 de septiembre de 1891), detallan cómo Webster usó su influencia política para que el ayuntamiento aprobara ordenanzas que prohibían la música y el empleo de chicas en salones en Dodge City para dañar específicamente el negocio de Luke Short. Aunque Short estaba

Entrada al Long Branch en Dodge City, KS, 1874 [*Long Branch Saloon Shootout*].

al tanto de los propósitos del político, sus intentos de tratar con el rival sirvieron de poco. Cuando se enfrentó a la policía, responsable por hacer cumplir las nuevas leyes en su salón de juego pero no en el de Webster, estalló un tiroteo y Luke fue arrestado.

Mientras tanto, se formó un comité de ciudadanos con el propósito de expulsar a Luke Short de Dodge City y, a la mañana siguiente, se le informó al detenido que abandonaría la ciudad bajo pena de muerte. Sin otra opción que irse, Luke fue escoltado a la estación de tren, donde se le indicó que eligiera una dirección, este u oeste, y el jugador tomó un tren con dirección este a Kansas City. Otro hombre podría haber sentido cierto alivio por haber evitado la cárcel o algo peor, pero Short se negó a darle la espalda a su exitoso negocio de apuestas y, en los días posteriores a su brusco exilio, convenció a los pistoleros Wyatt Earp, Bat Masterson, Charlie Bassett y un grupo de «hombres desesperados» para regresar a Dodge City y restablecerlo.

Al no haberse preparado para este giro, el concejo municipal se alarmó por la llegada de los pistoleros, un sentimiento que solo se intensificó cuando las autoridades se enteraron de que el gobernador del estado no intervendría en su nombre ni permitiría que la ciudad organizara una milicia contra Short. Ante la posibilidad de un sangriento tiroteo con un grupo de hombres cuya reputación colectiva era nefasta, el concejo se echó atrás; Luke Short logró recuperar su negocio sin disparar un solo tiro. Este momento de la vida de Short es importante porque muestra que, incluso cuando asumió el papel de anfitrión y no de jugador, el competitivo mundo de las apuestas trajo el peligro a su puerta. También muestra hasta dónde Luke Short estaba dispuesto a llegar, pues, a pesar de que estaba compitiendo contra una autoridad política, la policía y la voluntad de los ciudadanos de Dodge City, no dudó en hacer una demostración de fuerza contra un rival para alcanzar su objetivo.

El segundo episodio notable, y el encuentro que terminó con la carrera de Luke Short, ocurrió el 23 de diciembre de 1890. Luke se había mudado a Fort Worth y, de la misma manera que halló el conflicto en Leadville, y en Tombstone, y en Dodge City, también lo encontró en Tejas, esta vez en la figura del propietario de una casa de juego, Charley Wright. Según la edición del 24 de diciembre de *Fort Worth Daily Gazette*, Charley Wright y Luke Short habían tenido una pelea unos meses antes y la relación entre los dos hombres se había ido deteriorando desde entonces. La casa de juego de Wright estaba en competencia directa con la de Short y, aproximadamente a las 21:30 de la noche del 23 de diciembre, Luke Short entró en el establecimiento de Wright, interrumpiendo los juegos de dados, faro y póquer y exigiendo a los clientes que desalojaran a punta de pistola. Según algunos relatos, como el del *Macon Telegraph* (13 de septiembre de 1893), una vez que todos los jugadores habían huido del local, Luke Short prosiguió tras la instrucción destrozando el mobiliario y los elementos decorativos del salón. Después de cerrar con éxito el pasatiempo nocturno de la sala de juegos, Luke Short decidió abandonar el edificio, y fue en ese momento cuando apareció Charley Wright con una escopeta y abrió fuego contra él.

En el tiroteo que siguió, Charley Wright recibió una herida de bala en la muñeca, pero logró disparar dos rondas de perdigones que alcanzaron a Short. Una carga abrió un agujero en la cadera y la pierna de Luke Short, mientras que la otra le lesionó la mano. En la entrevista que ofreció al *Fort Worth Daily Gazette*, Short no dio mucha importancia a sus heridas, pero eran lo suficientemente graves como para estar postrado en cama durante meses, lo que requirió el cuidado de su esposa para recuperar algo parecido a la salud. En el pasado, Luke Short había podido confiar en sus reflejos, su ingenio y sus amigos para superar a sus oponentes en cada turno, ya actuara como jugador o como crupier en la mesa de cartas; pero, aunque su particular éxito en estas contiendas le había permitido acrecentar sus fortunas entre las ciudades fronterizas, la competencia del Oeste lo llevó a disputas armadas una y otra vez, y a un duelo final que lo obligó a retirarse del entorno de juego y el tipo de vida que había mantenido durante años. En la mesa de juego, Short había encontrado oportunidades, pero también encontró una rivalidad mortal.

Y se forjó la leyenda. En Tombstone, Arizona, una señal recuerda: «Luke Short mató a Charlie Storms aquí el 25 de febrero de 1881». Ilustración a partir de fotografía, años sesenta del siglo xx [*Headstuff*].

LA REPUTACIÓN

Charles Cora (1813-1856).

Para los jugadores, una reputación era algo que podía mejorar las posibilidades de éxito o una fuente de problemas que podían poner en peligro la vida. En el caso de Wild Bill Hickok y Luke Short, la reputación que se ganaron como apostadores y pistoleros formidables les proporcionó una gran influencia e incluso les ofreció la posibilidad de empleo, especialmente como crupieres —algo que ambos aprovecharon—. Pero, para Charles Cora, la reputación fue algo de lo que trató de escapar.

Charles Cora nació en Italia alrededor de 1810 y hasta que se mudó a Nueva Orleans pudo mantenerse fuera del ojo público. Ese anonimato concluyó el 12 de noviembre de 1847, cuando Cora fue nombrado en un breve artículo del *Times-Picayune* que relataba: «Charles Cora fue arrestado ayer, acusado ante el registrador Genois de agredir y golpear a Adolphe Schwab en el salón de baile Globe...». El breve texto continuó mencionando cómo la Sra. Ann Jackson y Mary Hamilton se habían involucrado en una pelea similar esa misma noche en otro salón de baile de Nueva Orleans. Aunque algunos podían disfrutar al ver sus nombres impresos en el periódico, el estreno de Cora fue algo menos halagador.

Salón Orient en Bisbee, Arizona. Juego de faro.
Ca. 1900 [C. S. Fly, National Archives].

Poco después, el 23 de abril de 1849, Charles Cora reapareció en los periódicos de Nueva Orleans cuando fue identificado en el *New Orleans Weekly Delta* como uno de dos hombres arrestados por ser un crupier de faro y un estafador. El artículo detalla cómo el Sr. Benjamin Bynum había informado sobre Charles Cora después de encontrarse con él varias veces durante los dos años anteriores. Según el informe del juicio, en cada ocasión, Cora había invitado a Bynum a participar en un juego de faro y, si bien este último rechazó las propuestas, tomó nota del hecho de que los clientes salían del establecimiento clandestino de apuestas sin un centavo, lo que lo inspiró a denunciar el asunto a la policía. Investigaciones policiales posteriores encontraron «dos maletas de cuero; dos cajas de parafernalia; tres pliegos de parafernalia; sesenta y dos barajas de cartas; un juego de faro; trescientos cincuenta y cinco cheques por valor de cinco dólares cada uno, y trescientos setenta y un cheque de un dólar cada uno». Como resultado de las pruebas físicas y el testimonio de los testigos oculares, Charles Cora y su socio Samuel Davis fueron arrestados y se les impuso una fianza de cinco mil dólares a cada uno.

En esta ocasión, Charles Cora debió temer que la publicidad no deseada arruinara su reputación como crupier, ya que, tres días después, el *Daily Delta* publicó una carta suya en la que explicaba:

> Un artículo fechado el 23 de abril, firmado por Benjamin Bynum, aparece en el *Delta*. Evidentemente, tiene la intención de predisponer a la opinión pública en nuestra contra. Estamos en manos de la ley y bajo fianza de diez mil dólares para responder de los cargos que se nos imputan. No declararemos que el artículo es un tejido de falsedades, sino que dejaremos que el público juzgue cuando podamos hacerle conocer completamente al distinguido autor.

No está claro si Cora logró o no contar su versión de la historia, ya que su nombre no apareció en los periódicos de nuevo hasta 1855. Hay relatos que narran que Charles Cora fue reconocido en un barco de vapor por un hombre llamado Edward L. Williams unos años antes, pero lo que se puede confirmar es que, en los seis años que transcurrieron desde su arresto anterior, Cora se había ido de Nueva Orleans a San Francisco. Llevó consigo a Arabella Bryan, una prostituta que se hacía llamar Belle Cora, y, dejando atrás las reputaciones que se habían granjeado en Luisiana, la pareja encontró cierto grado de éxito en San Francisco; Belle se convirtió en la *madame* de un burdel en la calle Pike y, juntos, el jugador y la madame ganaron una gran riqueza. Sin embargo, el 17 de noviembre, una serie de eventos llevaron a Charles Cora a disparar y matar al general de los Estados Unidos William Richardson, en las calles de San Francisco, a plena luz del día.

Los informes y registros judiciales, tomados de *American State Trials: volume* xv (1914), indican que los eventos del 17 de noviembre ocurrieron debido a una de dos posibles razones. La primera: que estalló una pelea entre el general Richardson, su esposa, Charles Cora y Belle Cora en el Teatro Metropolitano la noche antes del crimen. Supuestamente, los

Cora se sentaron junto a los Richardson y, gracias a la reputación que se habían ganado en San Francisco, la *madame* y el jugador comenzaron a recibir una cantidad indecente de atención por parte de la multitud del teatro. Los Richardson se sintieron incómodos sentados junto a dos personas tan asociadas con el juego y la prostitución, por lo que el general pidió a los organizadores del teatro que expulsaran a Charles y Belle Cora del edificio. Cuando su solicitud fue denegada, William Richardson y su esposa estaban tan indignados que abandonaron el establecimiento. El día 17, el general (todavía perturbado por los acontecimientos de la noche) optó por acosar a Charles Cora bajo la influencia del alcohol, lo que llevó a la pelea en la que Cora, a sangre fría, mató a William Richardson. Esta versión de los hechos es cuanto menos interesante, pero, lamentablemente, aunque apareció en algunos periódicos de la época y entre las posibles causas oficiales del incidente, la historia se popularizó en el siglo XX y ninguno de los detalles surgió durante el juicio real.

La segunda versión de los hechos, apoyada por varios testigos durante el juicio, situaba a Charles Cora jugando las tablas reales (*backgammon*) en el salón Cosmopolitan la noche anterior. El general Richardson entró en compañía de amigos y, según testimonios del juicio, ya estaba bajo los efectos del alcohol cuando fue presentado a Cora. En la breve conversación que mantuvieron, el jugador logró ofender a Richardson, a lo que este último, abiertamente despectivo respecto al jugador en su estado de ebriedad, respondió con amenazas. Se separaron rápidamente y los dos no se encontraron hasta el día siguiente, cuando el general Richardson comenzó a buscar tenazmente a Charles Cora. En su segunda reunión, Cora notó que Richardson seguía guardando rencor por su comentario de la noche anterior y, por lo tanto, con la ayuda de algunos asociados mutuos, intentó reconciliarse con él. Juntos, pasaron algún tiempo en el salón Cosmopolitan, pero, incluso después de este periodo conciliador, quedó claro que el general Richardson seguía insatisfecho. Con fuerza, Richardson cogió a Cora del brazo y lo llevó a la calle.

En este punto, los informes varían. Algunas declaraciones tienen a Cora agarrando repentinamente a Richardson y relatan cómo este último reaccionó sorprendido y declaró que estaba desarmado. Una buena cantidad más, hombres y mujeres que juraban estar presentes en la calle, vieron al general Richardson levantar el brazo para golpear a Charles Cora con un cuchillo. En los registros judiciales, la defensa argumentó que el hecho de que se encontraran un cuchillo y una pistola tipo Derringer en la escena del crimen y ambos pertenecieran a la víctima, Richardson, respaldaba estas afirmaciones. Destacó también cómo el general se había caracterizado por su temperamento violento, que había llegado a amenazar a algunos de los testigos del juicio en el pasado y que «el reo, por el contrario, aunque nacido bajo un sol italiano, era hombre de costumbres pacíficas; y por muy deshonrosa que fuera su profesión [jugador], era un hombre que no tenía gusto por la sangre».

El primer problema con estas últimas afirmaciones es que los artículos periodísticos de Nueva Orleans sobre el pasado de Charles Cora no traslucen que el jugador sea tan inocente como sugirió la defensa. El segundo es que todos los relatos que respaldaron esta versión de los hechos provinieron de conocidos cercanos de Charles Cora. Había un cantinero que trabajaba en los establecimientos donde jugaba Cora, un compañero crupier de faro, una trabajadora sexual, dos hombres que conocían «muy bien» a Belle Cora, etc. La posibilidad de que estos testimonios sean falsos se ve agravada por el hecho de que supuestamente Belle Cora, según informes judiciales, intentó sobornar a los miembros del jurado. Pero, cualquiera que haya sido la verdadera secuencia de los hechos, tanto si los Cora lograron organizar testigos falsos como si no, después de semanas de juicio no se llegó a un veredicto concluyente y el juez no tuvo más remedio que absolver al jurado. En cierta forma, esta fue una victoria para el jugador, pero, desafortunadamente para Charles Cora, desde ese momento, su nombre y su profesión eran conocidos por todo San Francisco.

Cora había escapado a la reputación que se había ganado en Nueva Orleans como un violento estafador, pero solo para ganarse la de un jugador asesino que vivía con una de las *madame* más conocidas de California, y fue esta segunda etapa la que lo llevó a su fin. Los primeros indicios de que la reputación de Cora conduciría a la tragedia se dieron, según los procedimientos judiciales, poco después de su arresto. El 17 de noviembre, los registros judiciales relatan cómo los agentes de policía observaron, nerviosos, que se formaba una multitud alterada alrededor de la comisaría donde había sido detenido Charles Cora; ese día, los reunidos exigieron una y otra vez la ejecución inmediata del jugador y, aunque ese grupo se dispersó mucho antes de que terminara el juicio, la opinión pública se había inclinado irremediablemente en su contra. Los sentimientos contra el jugador aparecieron el 19 de noviembre de 1855 en periódicos como el *Daily Evening Bulletin,* que exigía que Cora y los jugadores en general de las casas de mala reputación obtuvieran «su justa recompensa».

Ejecución de James P. Casey y Charles Cora por el Comité de Vigilancia de San Francisco, California (grabado de Charles Huestis, 1856) [The Bancroft Library, University of California, Berkeley].

Cinco días más tarde, el 24 de noviembre, el *Sonoma County Journal* calificó al reo como «un demonio en forma humana, (...) un jugador y dueño de una prostituta pública». El disgusto por la profesión de Cora se hizo presente durante el juicio, cuando el testigo general Addison describió al tribunal cómo parte de los acontecimientos habían sido provocados por el hecho de que la víctima se había sentido humillada por verse involucrada «con un personaje como él, un revendedor y un jugador». Las declaraciones anti-Cora continuaron apareciendo incluso semanas después; cuando el jurado fue absuelto de su cargo, el editor del *Daily Bulletin* James King of William respondió a la decisión del juez escribiendo, el 17 de enero de 1856: «¡Decorados sean los cielos con negro! El dinero del jugador y las prostitutas ha tenido éxito y Cora tiene otro respiro... ¡Regocijaos, jugadores y rameras!».

En mayo de 1856, un periodo en el que la notoriedad e impopularidad de Charles Cora aún no se había disipado, se produjo un nuevo giro que hizo que miles de personas salieran a las calles de San Francisco en contra del jugador. El editor James King of William era uno de los más tenaces opositores al juego y la prostitución en San Francisco, pero el día 20 fue asesinado a tiros por un hombre llamado James Casey. William era tan conocido que la respuesta del público fue inmediata y gran parte de las protestas que siguieron se dirigieron a los jugadores. Según *American State Trials: volume* XV, el testigo John Jones observó cómo, poco después del asesinato, una multitud se congregó frente la comisaría y empezó a gritar: «Organicémoslo y ahorquémoslo; ahorquemos a todos los jugadores». Informes de la misma fuente indican que el hermano de William pronto se unió a ellos, haciendo acusaciones de que el tiroteo había sido un plan premeditado, llevado a cabo por los jugadores de San Francisco, y expresando que había que tomar posesión de la cárcel. A medida que pasaban las horas, más hombres y mujeres se sumaron a la manifestación, y fue a partir de ese momento cuando una rápida secuencia de acontecimientos determinó el destino de Charles Cora.

Tumba de Charles y Belle Cora en el cementerio Laurel Hill de San Francisco, California [The Bancroft Library, University of California, Berkeley].

En menos de cuarenta y ocho horas, el grupo de manifestantes se convirtió en un comité de dos mil seiscientos ciudadanos armados para impartir justicia a dos hombres: primero, al hombre que había matado a James King of William, y segundo, al jugador que tan a menudo había sido el objetivo de los escritos del conocido editor, Charles Cora. El 22 de mayo, la multitud —que se autodenominó Comité de Vigilancia de San Francisco— entró en la comisaria, pasó por alto a la policía y sacó a los dos hombres a la calle. En cuestión de horas, Charles Cora fue juzgado por segunda vez, declarado culpable y ahorcado en público, según informaron varios periódicos, incluidos el *San Francisco Bulletin* (23 de mayo), el *Buffalo Evening Post* (16 de junio) y el *New-York Tribune* (30 de junio).

Los hechos ocurridos entre el 20 y el 22 de mayo 1856 reflejan lo rápido que la historia de un hombre puede convertirse en el catalizador de su muerte. Charles Cora no era un hombre inocente; le disparó a William Richardson, pero, por más que fuera juzgado por sus acciones, su carrera entre las mesas de apuestas tuvo un mayor efecto. Mientras que algunos jugadores profesionales del salvaje Oeste consiguieron ganar prestigio por su riqueza en fichas de póquer y la rapidez de su pistola, Cora sufrió por su conexión con las estafas de Nueva Orleans y, cuando la acusación de asesinato colocó al jugador tras las rejas por segunda vez, la reputación que ganó entre las casas de juego y los burdeles de San Francisco envenenó al público en su contra. Cualquiera que sea la fortuna que Charles Cora esperaba ganar en el Oeste, lo único que logró fue una multitud en su puerta y una cuerda alrededor de su cuello.

*   *   *

Ilustración a partir de un dibujo de Soapy Smith interpretando
la estafa del premio del jabón [*Petticoats and Pistols*].

LA ESTAFA

Tan presente como el juego estaba en las ciudades fronterizas del Oeste, también lo estaba la estafa. Había los que inventaban dispositivos engañosos y los que se especializaban en juegos de cartas trucados, había jugadores que escondían cartas y crupieres que amañaban las barajas... pero ningún estafador tuvo tanto éxito en la historia del salvaje Oeste como Jefferson Smith, mejor conocido como Soapy («Jabonoso») Smith. Ya el 2 de agosto de 1882, los periódicos escribían sobre Jeff Smith y su peculiar lotería, una que involucraba una cantidad de pastillas de jabón y algunos billetes de uno y veinte dólares. Como informó el periódico de la costa oeste, el *Daily Standard*, la técnica consistía en abrir los paquetes de una pequeña cantidad de pastillas de jabón frente a una multitud reunida, envolver esas pastillas con unos billetes de dólar y, después, volver a empaquetarlas; luego, después de mezclar estas pastillas de jabón «ganadoras» con otro juego «perdedor», Smith vendía todo el suministro por cincuenta centavos cada una o tres por un dólar. Aunque los jugadores esperaban ansiosamente obtener ganancias en estas ocasiones, en realidad, muy pocos clientes encontraban mucho más que una pastilla de jabón, ya que los billetes más valiosos nunca llegaban a la multitud. En el caso de la lotería particular que ocurrió en agosto de 1882, el reportero del *Daily Standard* solo pudo comentar la credulidad de los espectadores y el increíble grado de éxito que Smith había logrado durante la presentación de ese día:

> Durante unos diez minutos en los que un reportero de *Standard* lo estuvo observando, recibió alrededor de veinte dólares y solo repartió un billete de un dólar, y esta pastilla la vendió por tres dólares. Todo el asunto es uno de los fraudes más transparentes que se puedan imaginar y debe detenerse.

Jefferson «Soapy» Smith en el bar de un salón en Skagway, Alaska,
el 29 de julio de 1989 [Theodore Peiser, Library of Congress].

Por supuesto, Soapy no se detuvo. Jefferson Smith repitió
la lotería de jabón a lo largo de su carrera y, aunque fue solo
uno de los varios juegos amañados en los que invitó a jugadores y espectadores a participar, fue precisamente debido al
hecho de que fue arrestado (temporalmente) durante una
de estas loterías como recibió su extraño apodo. Según la
historia, el oficial que lo detuvo olvidó el nombre real de
Jefferson y en el registro escribió «Soapy [Jabonoso] Smith».
A Jefferson no le gustó especialmente su calificativo, pero
ni el nombre irrisorio ni el riesgo de futuros arrestos frena-
ron los extremos a los que llegó para establecer una fortuna
por sí mismo.

Con el paso del tiempo, Smith montó una red de crupieres especializados en estafas rápidas como el juego de la concha o el monte de tres cartas. En estos juegos, se invitaba
a los jugadores a hacer apuestas sobre si podían identificar
correctamente la ubicación de un objeto en particular. En el
monte de tres cartas, al jugador se le muestra una carta gana-

dora antes de colocarla boca abajo junto a dos cartas idénticas. En el juego de la concha —el trile—, el crupier coloca una bola debajo de una concha (o copa) junto a un juego idéntico de la misma. En ambos casos, el crupier reorganiza los objetos sobre la mesa para confundir al jugador, y, en el caso de los juegos de Soapy, los únicos ganadores fueron los que participaron en la estafa. Soapy experimentó cierto éxito gracias a estos juegos y, cuando su red de estafadores creció y se mudó a ciudades como Denver, era común ver a Smith y sus competidores locales también implementar juegos de dados o póquer en su repertorio. El periódico *Rocky Mountain News*, en un artículo del 17 de octubre de 1895 que exploró las estrategias de juego de las bandas de estafadores de Denver, explicó que, en estos engaños, primero se persuadía a uno para que jugara y después se le permitía ganar durante un periodo de tiempo para ganarse su confianza. Para lograr este propósito, los dados cargados y los mazos de cartas preparados previamente eran clave y, cuando estos elementos se usaban con éxito, el blanco comenzaba a apostar fuerte. Cuando quedaba claro que el jugador estaba convencido de una victoria segura, el crupier cambiaba el juego de dados o el mazo de cartas, lo que a su vez resultaría en una pérdida dolorosa para la víctima.

Dado que Soapy y sus asociados continuaron operando durante años, usando estos mismos engaños una y otra vez, se puede decir que las estafas particulares que llevó a cabo Smith fueron rentables. Sin embargo, el tamaño de las crecientes operaciones de Jefferson Smith y la frecuencia con la que cometía sus estafas empezaron a recibir mucha atención por parte de la policía. Soapy y muchos de sus pandilleros solían ser encarcelados y luego multados, como revelan periódicos de la ciudad de Denver como el *Denver Tribune-Republican* (13 de mayo de 1885) o el *Rocky Mountain News* (7 de octubre de 1894). Como consecuencia de estos arrestos, Jefferson trabajó para ganar influencia entre las autoridades de la ciudad y de esta manera evitar algunos de los problemas que siempre habían acompañado a sus juegos de azar.

Estos esfuerzos, aparentemente, tuvieron éxito, ya que, en el otoño de 1888 y el invierno de 1889, el *Rocky Mountain News* hizo varias declaraciones denunciando la corrupción que se había apoderado del Departamento de Policía, señalando cómo los apostadores, ladrones y estafadores estaban influyendo en la política en Denver, Colorado. Otras publicaciones, como la aparecida el 16 de marzo de 1894 en el *Wilmington Morning Star*, muestran hasta qué punto Soapy Smith estaba infiltrado en la policía de la ciudad. El *Star* detalló cómo, en 1894, actuando en contra de los informes de corrupción política, el gobernador del estado de Colorado exigió la dimisión de miembros clave de la Junta de Policía de Denver. Cuando las autoridades de la ciudad se resistieron y trabajaron para evitar que se acometiera cualquier renuncia mediante órdenes judiciales, el gobernador envió a la milicia estatal (armada con cañones y ametralladoras Gatling) para forzar el asunto. En oposición, una multitud de ciudadanos de Denver y la policía ocuparon el ayuntamiento, con Soapy Smith y sus asociados a la cabeza, actuando como alguaciles

«Los hombres se sentían atraídos por el salón de Jeff Smith, donde podían disfrutar de licor, juegos de azar y mujeres, y perder dinero u oro en el proceso». Skagway, AK, 1898 [University of Washington].

adjuntos. La edición del 16 de marzo del *Denver Republican* ofreció detalles adicionales sobre este acontecimiento al explicar cómo, en el punto álgido de la confrontación entre la policía y las tropas estatales...

> Jeff Smith y otros cinco subieron al tercer piso y se ubicaron en dos ventanas. Tomaron montones de pólvora gigante y misiles de dinamita [para arrojarlos] a la calle tan pronto como la milicia amenazara la ciudadela cívica. (...) Todos los hombres habían jurado defender el edificio contra el ataque de la milicia, y los personajes más desesperados y de mala reputación en la ciudad habían sido empleados para hacer estallar la dinamita sin tener en cuenta las consecuencias. (...) Los explosivos estaban equipados con mechas y casquillos detonantes y debían ser arrojados en medio de las tropas estatales si se acercaban demasiado a la sala.

Preocupada por los disturbios en Denver, la Corte Suprema de los Estados Unidos reprendió al gobernador de Colorado por organizar un enfrentamiento armado en contra los funcionarios y, finalmente, se retiró a las tropas estatales y federales. Al mismo tiempo, sin embargo, el tribunal confirmó la decisión de inducir un cambio político en la ciudad y se tomaron medidas para socavar a las principales figuras del negocio del juego. Jefferson Smith, al estar en medio de todo, fue uno de los objetivos, pero al principio logró evitar problemas con las autoridades estatales debido al hecho de que seguía siendo aguacil adjunto y hasta supo aprovechar las circunstancias. El *Rocky Mountain News* (5 de mayo de 1894) y el *Boulder Daily Camera* (18 de junio de 1894) fueron dos de los varios periódicos que documentaron los sucesos en que Soapy y sus asociados detuvieron a ciudadanos, agredieron a otros y se resistieron al arresto alegando que eran agentes de la ley. Hay relatos añadidos que detallan cómo, en medio de las medidas enérgicas contra los salones y las salas de juego, Smith introdujo una nueva estafa en la que sus ayudantes amenazaban con arrestar a los clientes de sus propios establecimientos y les ofrecían la oportunidad de evitar la cárcel si dejaban sus ganancias en la mesa de juego.

Al aliarse y, en última instancia, formar parte de la autoridad local, Jefferson Smith evitó el desastre en Denver. La lealtad que inspiraba en sus seguidores (hombres bien pagados y que disfrutaban de ciertos privilegios como parte de su pandilla) también ayudó a proteger a Soapy de arrestos y rivalidades. Y, pese a que el creciente clima antijuego de Colorado acabó obligando a Smith a abandonar Denver, repitió estrategias pasadas con la esperanza de ganar tanta autoridad como fuera posible en su próximo objetivo: Skagway, Alaska.

Como antes, los esfuerzos de Jefferson Smith valieron la pena. El 2 de abril de 1898, el *Seattle Daily Times* informó de cómo, aprovechando la creciente tensión entre Estados

Vista de la entrada a Denver por la calle 17, con el Arco de Bienvenida y los depósitos de la Union Station, ca. 1908 [Library of Congress].

Unidos y España por el hundimiento del acorazado estadounidense Maine, la pandilla Soapy había organizado una milicia de voluntarios de más de ciento cincuenta hombres y declarado que estarían listos en caso de que el país, alguna vez, necesitara su apoyo. Tomando el mando de la Compañía Militar de Skagway, el «capitán» Jefferson Smith procedió a ofrecer sus servicios armados al gobernador Brady, del distrito de Alaska, para mantener la ley y el orden en Skagway; una acción que convirtió a Smith en la principal figura de autoridad en un pueblo minero que produjo once millones de dólares en oro en 1898.

En este tiempo, Soapy prosperó a través de sus manipulaciones de juegos, su taberna y su oficina de telégrafos falsa (un edificio cuyo verdadero propósito era atraer objetivos para partidos de póquer amañados). No obstante, a pesar del constante éxito de Jefferson Smith y sus seguidores, la pandilla pronto comenzó a cometer delitos imprudentes pecando de exceso de confianza. Lo descarado que se había vuelto Soapy en Skagway se puede medir a través de un artículo del *Victoria Daily Colonist* (11 de marzo de 1898) que describe la experiencia de un visitante de Chicago y una apuesta sobre, entre otras cosas, la geografía local de Skagway. En el pasado, Smith y sus asociados solían permitir que sus objetivos ganaran al inicio de sus engaños (como una forma de que bajaran la guardia), pero el artículo relata cómo, en esta ocasión, unos miembros de la pandilla propusieron una apuesta sobre cuál de las colinas circundantes del pueblo era más alta solo para camuflar la artimaña y robar el blanco a punta de pistola. Con su dinero robado, la víctima acudió al alguacil adjunto de Skagway, quien indicó que poco se podía hacer sin escribir a la capital para obtener instrucciones explícitas y que el mejor curso de acción para obtener ayuda legal era consultar al fiscal de la ciudad... el Sr. Jefferson Smith.

Está claro que, con su propia milicia personal, Soapy no estaba amenazado por acciones legales, incluso aunque sus hazañas aparecieran ocasionalmente en los periódicos. Sin embargo, pese a estar en el asiento de la autoridad, el próximo robo que apareció en los titulares resultó ser el último para Jefferson Smith. El 8 de julio de 1898, el minero John Stewart viajó a Skagway con dos mil seiscientos dólares en polvo de oro. En una entrevista con el *Tacoma Times* (27 de diciembre de 1898), Stewart recordó cómo, mientras estaba en Skagway, varios miembros de la pandilla de Soapy se le acercaron para unirse a un juego de monte de tres cartas. En un instante, el minero había perdido ochenta y siete dólares con el crupier, y, cuando la conversación se desvió hacia la posibilidad de que Stewart pudiera seguir jugando o no, los hombres de Smith (dos hombres llamados Bowers y Foster) presionaron al minero para que demostrara que tenía los fondos. Según el testimonio de John Stewart…

> Regresamos con el saco de polvo y lo desenrollé y les mostré su contenido, y el anciano dijo que no sabía si eso era oro y Bowers dijo: «Ábrelo y enséñaselo, ya que él no conoce el polvo de oro cuando lo ve»; pero no lo abrí, y [estaba] a punto de enrollarlo de nuevo

El icónico rostro de Jeff *Soapy* Smith y su rifle Winchester.

cuando Foster lo agarró y se lo entregó al anciano y dijo: «¡Huye!». Comencé a agarrar al viejo cuando me sujetaron y me dijeron que, si hacía un ruido, no me haría bien. Me aparté de ellos y fui tras el anciano, pero no pude verlo. Luego crucé la calle y pregunté a un grupo dónde había un oficial: que unos hombres me habían robado tres mil dólares por allí.

El robo fue la gota que colmó el vaso. Cuando se difundió la noticia del incidente, un comité de ciudadanos de Skagway buscó a Jefferson Smith y le dijo que tenía que devolver el polvo de oro o que, de lo contrario, habría consecuencias. Ahora frente a un grupo que estaba dispuesto a desafiar su autoridad, Smith accedió a devolver la propiedad robada, siempre que la noticia no saliera en los periódicos. Poco después, aun así, Soapy decidió hacer una nueva jugada: según el *Rocky Mountain News* (17 de julio de 1898), el discurso de Smith cambió a medida que pasaban las horas, y empezaba a responder a las quejas de los residentes locales diciendo que no tendría que devolver el polvo de oro, ya que el dinero se había perdido en un juego limpio, y declarando que cualquiera que quisiera que le devolviera el oro no era amigo suyo.

Por la tarde, Jefferson Smith se volvió progresivamente más agresivo y, cuando se le informó que un comité de ciudadanos enojados se había reunido cerca del muelle de la ciudad, recogió un rifle Winchester y fue en dirección a la multitud. Acercándose al muelle, Smith intentó abrirse paso a la fuerza y dispersar al grupo de residentes de Skagway con amenazas, pero uno de los hombres encargados de evitar que los espectadores perturbaran la reunión bloqueó el camino de Smith. Sin inmutarse, Smith siguió adelante y, en la lucha que pasó, hirió al hombre que lo había repelido, pero recibió una bala en el corazón a cambio. Se declaró la ley marcial después del tiroteo y, casi de la noche a la mañana, la red de estafadores y matones que Jefferson Smith había construido en Skagway durante los meses anteriores se había dispersado, y con ella, toda su fortuna.

Con su jugada final, Soapy esperaba sofocar los crecientes disturbios y reafirmar el dominio en su ciudad como siempre lo había hecho. Es posible que, con tantos éxitos, todo lo que Soapy Smith pudiera vislumbrar en su horizonte fuera el flujo de oro y plata que discurría por los diferentes pueblos mineros de América, cegado ante la posibilidad de que su suerte se acabara. Pero, a pesar de lo escurridizo que Jefferson *Jabonoso* Smith esperaba ser, su estafa solo podía funcionar mientras hubiera quienes siguieran sus reglas.

Al final, Soapy fue solo uno de los muchos que fueron a la mesa de juego con la confianza de que el juego siempre estaba amañado a su favor y se toparon con un cambio dra-

mático de fortuna. Lo mismo les sucedió a aquellos cuyas rivalidades y reputaciones los condujeron a una travesía que se saldó con algo más que una pila de fichas de póquer esparcidas o una disputa entre lágrimas. Desde los canallas que intentaron estafa tras estafa para llevarse el oro de los crédulos hasta los jugadores que defendieron un montón de fichas de póquer con pistolas humeantes, y hasta los crupieres corruptos que trabajaron para reinventarse en la frontera, en la historia del salvaje Oeste, el juego ofreció la ilusión de la oportunidad a todos, pero recompensó a pocos con algo más que un legado de pérdidas.

El muelle donde fue abatido Soapy Smith, en Skagway, Alaska. Fotografía del año 1900, apenas dos años después [Library of Congress].

Retrato de dos prospectores de oro no identificados.
Daguerrotipo, ca. 1860 [Canadian Photography Institute, PD].

II
RIQUEZA OCULTA

Marchaban de uno en uno y de dos en dos, y en grupos y caravanas de carretas. Marcharon con picos, palas, sartenes y provisiones suficientes para llegar a las Colinas Negras de Dakota del Norte, las Montañas Rocosas de Colorado e incluso los helados ríos de Alaska. Hombres de todas las clases, jóvenes y viejos, de diferentes puntos del continente, viajaron hacia las ciudades fronterizas de Montana, Nuevo Méjico y California y con frecuencia arriesgaron la vida y las extremidades para llegar a su destino final. Todos estos pioneros lo hicieron porque compartían la misma esperanza: que por su determinación y trabajo se harían ricos, porque lo que estaba debajo de la tierra era oro.

El oro se descubrió una y otra vez a lo largo del siglo XIX y, como consecuencia de una «fiebre del oro» nacional que movió a cientos de miles en busca de oportunidades, la historia del salvaje Oeste está salpicada de relatos de buscadores que corrieron a través del continente para desenterrar la riqueza escondida en los territorios aislados del país. Las historias más conocidas tienden a ser las de aquellos que jugaron un papel decisivo en los descubrimientos; en primer lugar, hombres como James Marshall y John Sutter, que ganaron fama después de encontrar motas de oro en el río South Fork American de California, o el teniente coronel George Armstrong Custer, cuya expedición militar en territorio indio resultó en la fiebre del oro de Dakota del Norte. Entremezcladas con estas narrativas están las bien documen-

«Pesando el primer oro». El capitán Sutter pesa las pequeñas pepitas doradas que el capataz Marshall y sus hombres acaban de encontrar mientras construían el aserradero del río de los Americanos, en California. Con esta escena se iniciaba la «fiebre del oro». A Sutter, lejos de enriquecerlo, casi le cuesta la ruina [*Stories of American life and adventure*, Edward Eggleston, 1923].

tadas explosiones demográficas en lo que anteriormente habían sido regiones escasamente habitadas, así como vivencias de los campamentos mineros cuyos densos grupos de tiendas de lona se tornaron en hileras de edificios de madera en cuestión de días.

La historia, frecuentemente, se enfoca en estos detalles, en las características más excéntricas de los pueblos mineros o en el abanico de los «personajes» que lograron labrarse una reputación en Occidente. Sin embargo, entre las historias de la búsqueda del oro existen episodios que muchas veces pasan desapercibidos y que brindan otra perspectiva sobre las realidades de este periodo. Estas historias sugieren que, aunque existía la oportunidad entre las sierras y los ríos del país del oro, no había garantía de que aquellos que llegaron a experimentar buena fortuna continuarían haciéndolo. Muchas veces, las riquezas que se encontraban se convertían en riquezas que se perdían y, aunque hombres y mujeres tenían el potencial para prosperar entre las minas del Oeste, el camino a la fortuna no siempre se hacía con un pico y una pala.

RIQUEZA ENCONTRADA Y RIQUEZA PERDIDA

De la misma manera que la historia del salvaje Oeste contiene historias impresionantes sobre el descubrimiento de oro en la frontera, también existen relatos sobre las fortunas que se evaporaron de la noche a la mañana, las estafas que llegaron a engañar a expertos y las minas perdidas de las regiones poco explotadas de los Estados Unidos. Un notable ejemplo de esto último apareció en una serie de periódicos a finales del siglo XIX, concretamente en el *News-Herald* de Ohio del 3 de febrero de 1898, en el *Eureka Herald* de Kansas, el *Reno Evening Star* de Oklahoma y el *Union* de Utah; y trataba de un buscador de oro llamado George Skinner y lo que encontró en las montañas Sangre de Cristo. El minero Skinner había pasado por la ciudad de Denver, Colorado, durante el apogeo de la fiebre del oro a principios de 1860, solo para desaparecer de la faz de la tierra unos pocos días después. Según la publicación de 1898, Skinner fue prácticamente olvidado hasta que su familia comenzó a hacer averiguaciones sobre su paradero al cabo de varios años.

En Denver se descubrió que existían registros de que el hombre desaparecido había comprado mercancías en una tienda antes de seguir su camino y, al parecer, se había dirigido a las montañas Sangre de Cristo. El hermano de George Skinner contrató los servicios de un guía local para realizar una búsqueda en aquella región con la esperanza de encontrar alguna pista sobre el destino final del minero. Exploraron la sierra desde el verano de 1868 hasta fines del otoño del mismo año, cuando encontraron la siguiente carta entre los escombros de una cabaña derrumbada ubicada en el pico de la montaña conocido como Horn Peak:

> Mi fatigosa búsqueda ha terminado y mis esfuerzos [han sido] coronados por el éxito. Mañana partiré hacia los poblados, para volver en primavera a desenterrar y trabajar la valiosa mina que he descubierto. Al

darme cuenta del hecho de que estoy muy lejos de la civilización y de que estoy expuesto a sufrir serios percances, si no la muerte, antes de llegar al mundo exterior, me siento impulsado a hacer las siguientes declaraciones, que pueden llegar a la mano de algún amigo si la desgracia me alcanza. Esta carta que dejaré en mi camarote, con la esperanza de que vuelva a estar en el suelo en primavera, tan pronto como nadie. Me llamo George W. Skinner. (...) A principios de esta primavera partí hacia las montañas Sangre de Cristo desde Denver para hacer prospecciones, impulsado a venir aquí por los informes de descubrimientos de oro que me revelaron algunos indios amistosos. Dios sabe las dificultades que soporté para llegar a este país, y, después de pasar la mayor parte de la temporada en una búsqueda infructuosa, finalmente descubrí lo que creo que es una de las minas más ricas de Colorado, y sacaré conmigo todo el oro que pueda manejar [en] mis limitadas instalaciones. Para encontrar el pozo de descubrimiento de la propiedad, que he disfrazado a propósito, párese de espaldas al lado oeste de la cabaña, junto a la puerta; camine en dirección oeste unos veintidós pasos hasta un barranco o quebrada. Luego, gire a la izquierda y suba por la quebrada ciento cinco pasos. Luego, gire a la derecha y camine veinte pasos y llegará al lugar. La entrada es difícil de ver y lo encontré accidentalmente mientras cavaba cerca de las raíces de un árbol que se había volado. Si alguna persona encuentra esta carta dentro de un año, no le servirá de nada, ya que he cumplido con la ley lo suficiente como para mantener la propiedad durante ese periodo de tiempo. Si no regresa dentro de ese tiempo, la propiedad puede ser localizada por cualquiera. La única petición que tengo que hacer es que quien encuentre esta nota lo notifique a mi hermano en la dirección antes mencionada.

GEORGE W. SKINNER

La carta era llamativa ya que implicaba que, primero, George Skinner había estado en aquel lugar y llegó a descubrir oro y, segundo, algo había sucedido que le impidió volver a la civilización. No obstante, antes de que los buscadores tuvieran la oportunidad de realizar más investigaciones sobre el destino de George o la ubicación de la mina, las malas condiciones climáticas provocadas por el invierno obligaron al Sr. Skinner y su guía a bajar al valle. Según el *News-Herald*, durante el invierno de 1868, las nevadas y los deslizamientos de tierra de las montañas Sangre de Cristo fueron inusualmente severos y los viajes de regreso en 1869 no dieron resultados, ya que el relieve del terreno se había alterado y tanto la cabaña como la vegetación como los puntos de referencia mencionados en la carta de George Skinner habían desaparecido del pico Horn Peak. Lo que sí se localizaron fueron los restos físicos y las últimas pertenencias personales del minero, incluidos su diario y varias muestras de oro, que se hallaron en el año 1870 en un barranco que discurría a lo largo de uno de los senderos de la montaña. Con el descubrimiento del diario se resolvió el misterio detrás de la desaparición del minero perdido, pero, a pesar de que se realizaron más búsquedas el siguiente verano (y en los años sucesivos), la mina nunca se volvió a encontrar.

Otras historias destacadas sobre las fortunas perdidas del siglo XIX incluyen el relato del trabajador ferroviario Tom Schofield, quien supuestamente tropezó con una estufa llena de pepitas de oro ubicada en un campamento minero abandonado en las montañas Clipper de California. Publicaciones como el *Los Angeles Record* (28 de octubre de 1931) describen cómo, después de llenarse los bolsillos, Schofield se fue a la ciudad de Los Ángeles para confirmar la autenticidad del descubrimiento, pero, cuando quiso volver, nunca llegó a encontrar el campamento de nuevo. También existen historias como la de Ashton Teeples, que se encontró con un lago en medio de las montañas de Colorado cuyas orillas estaban cubiertas con oro, pero perdió su rastro casi de inmediato por la llegada repentina de una tormenta de nieve. Este tipo de historias pueden resultar interesantes para el

Colorado, 1869-1874. Fotografía del Gran Cañón mirando hacia el este desde el pie de Toroweap [John K. Hillers, National Archives].

lector moderno, pero la principal dificultad para aceptarlas como una verdad histórica es que muchas han sobrevivido en forma de relatos de terceros, que no siempre son fiables. Los que son de primera mano también pueden resultar problemáticos, ya que, cuando existen entrevistas o declaraciones sobre hallazgos increíbles, los descubridores a menudo han sido las únicas personas en presenciar sus descubrimientos, lo que obliga al lector a tener fe en sus testimonios cuando no hay más pruebas disponibles. Siempre más fiables son las historias respaldadas por múltiples testigos y evidencia física, pero incluso estos relatos pueden ser engañosos.

En su libro autobiográfico *The Great Diamond Hoax* (1913), el financiero Asbury Harpending describió una serie de escándalos que involucraban un campo de diamantes situado en algún lugar de Colorado, a un grupo de financieros y a los mineros Philip Arnold y John Slack. El hombre de negocios Asbury Harpending conoció a Arnold y Slack en el año 1871, cuando los dos se presentaron en el Banco de California de San Francisco para depositar una muestra grande de diamantes sin cortar en la caja fuerte. Al recibir un recibo por su propiedad, los dos mineros salieron a la calle y fueron abordados poco después por un grupo de ansiosos banqueros, inversionistas y hombres de negocios (incluido Harpending) que supieron de su notable hallazgo y mostraron un gran interés en formar una empresa conjunta.

Inicialmente, Philip Arnold y John Slack se sorprendieron por la forma en que se había difundido la noticia de su descubrimiento. Según Harpending, «los hombres eran extremadamente tímidos y cautelosos, tenían todo el aire de un par de tipos ingenuos que se habían topado con algo grandioso y, desconcertados con su buena fortuna, simplemente tenían miedo de confiarle a alguien el trascendental secreto». Sin embargo, con el paso del tiempo, Arnold y Slack cedieron ante la oportunidad de formar parte de una empresa cuyos inversores estuvieran dispuestos a hacerse cargo del aspecto financiero de la operación minera y, poco después, se llegó a un trato. Como parte del acuerdo, a cambio de una inversión inicial, los dos mineros ofrecieron el cincuenta por ciento del negocio y la posibilidad de llevar a varios de los inversionistas a los campos de diamantes con los ojos vendados (como forma de proteger el secreto de su ubicación) para confirmar la veracidad del descubrimiento, así como recoger una muestra amplia de las gemas para su posterior tasación. Poco después, Arnold, Slack y algunos de los socios organizaron un viaje hacia los campos, desenterraron una generosa cantidad de piedras y regresaron a San Francisco, donde el resto de los financieros esperaban para apreciar las ganancias del viaje, que «parecía una deslumbrante catarata de luz multicolor».

Philip
Arnold

John
Slack

Desde San Francisco, una muestra de las piedras viajó a la empresa Tiffany & Co., situada en la ciudad de Nueva York, que en ese momento era la mayor autoridad estadounidense en minerales preciosos. Allí fueron tasados por el lapidario de la empresa y, a los dos días, el propio propietario Charles Tiffany presentó un informe valorando la cantidad de gemas, que era solo una pequeña porción de las piedras recuperadas, en $150 000. Al enterarse de esta noticia, Philip Arnold solicitó (dado que él ya había entregado una verdadera fortuna en manos de los inversores) un pago adelantado de $100 000 por los servicios que había prestado a la compañía hasta ese momento. Según Harpending, los socios sintieron que la petición era tal vez inusual, pero, después de algunas consultas, decidieron que la solicitud se concedería a la recepción de un informe más detallado sobre los campos de diamantes de un ingeniero de minas, un paso que se llevaría a cabo en la próxima etapa de la empresa minera.

Charles Lewis Tiffany (izqda.), fundador de Tiffany & Co., en su tienda de Nueva York, ca. 1887 [Musée des Beaux-Arts de Montréal].

Una vez más, los financieros partieron con Arnold y Slack hacia los territorios sin explotar de Colorado, donde, a su llegada, se pusieron a trabajar con picos y palas en busca de más joyas. En el transcurso de dos días se desenterró gema tras gema y se encontraron diamantes junto con rubíes, esmeraldas y zafiros ocasionales. Al recordar la expedición, Asbury Harpending comentó cómo los que presenciaron las excavaciones se maravillaron de la abundancia de piedras preciosas, que habían recolectado en un tiempo relativamente corto, y aparentemente tan rica en minerales era el área de excavación que incluso el ingeniero de minas aseguró a los inversores:

> … sólo el lugar del descubrimiento, que habíamos examinado parcialmente, ciertamente valía muchos millones de dólares, además de innumerables posibilidades. ¿Quién no se entusiasmaría con una muestra así? Disparó la imaginación de todos los financieros. Trastornó la cautela de las cabezas más sabias tanto en el viejo mundo como en el nuevo. Hubo una lucha salvaje para subir a bordo, casi a cualquier precio.

Convencidos de que los campos producirían una fortuna en beneficios, los socios abandonaron el campo diamantífero con el propósito de reclamar los terrenos circundantes y organizar la creación de una empresa con un capital social de diez millones de dólares, dividido entre cien mil acciones. Con los artículos de incorporación de la San Francisco and New York Mining and Commercial Company presentados formalmente y el informe minero hecho público, comenzaron a circular publicaciones, como el *Alta California* (1 de agosto de 1872) y el *San Franscisco Bulletin* (7 de octubre de 1872), que detallaban el descubrimiento único de un campo de diamantes en el oeste. El interés público en la empresa durante este periodo aumentó exponencialmente y fue en este momento cuando Philip Arnold y John Slack vendieron su parte de la empresa por un precio de $300 000. Este acto en sí no fue sospechoso inicialmente; más de un socio decidió aprovecharse del valor alto de las acciones. Sin embargo, el 11 de noviembre de 1872, el presidente de la empresa minera recibió un telegrama alarmante del notable geólogo Clarence King que ponía en duda todo el asunto, pues afirmaba que la existencia de tantos tipos de gemas (diamantes, esmeraldas, zafiros, etc.) en el mismo lugar era un imposible y que los campos de diamantes eran, sin duda, un fraude.

Lo que siguió fue otro viaje a Colorado, esta vez con el desconfiado Clarence King, y, una vez más, el grupo de financieros quedó impresionado por los minerales brillantes que se encontraron allí... hasta que uno de ellos se dio cuenta de que una piedra tenía las marcas de un lapidario. El diamante había sido cortado y las inspecciones más cercanas mostraron signos de que las gemas habían sido puestas a mano. Investigaciones posteriores revelaron que, pocos meses antes, Philip Arnold había estado en Londres y Ámsterdam, donde compró una gran cantidad de piedras de mala calidad a los lapidarios y comerciantes locales. Estos establecimien-

4377   DIAMOND (C), rough.

Probably from the African diamond
fields, used in salting the
ground in well-known diamond
swindle.   H. Eleau

«Diamante, bruto. Probablemente de los campos de diamantes africanos, usado para salar el suelo en la conocida estafa de diamantes» (Colorado-Wyoming, 1871-72) [Box 7, Lowell S. Hilpert papers, American Heritage Center, UW; CC BY 4.0].

tos reconocieron fotografías del famoso «minero» y explicaron que las piedras procedían originalmente de Sudáfrica y carecían prácticamente de valor. En sus memorias, Asbury Harpending explicó cómo la estimación errónea original del valor de los diamantes, probablemente, se debió al hecho de que, si bien Tiffany & Co. tenía mucha experiencia tasando los diamantes cortados, carecía de experiencia en lo que respectaba a las joyas en bruto. En cuanto a cómo se había engañado a los inversores durante tanto tiempo, Harpending solo podía ofrecer los siguientes pensamientos:

> Es posible que se pregunte cómo tantos de los hombres más astutos del mundo pudieron haber sido absolutamente engañados por el gran fraude de los diamantes. Lo cierto es que lo consiguió no por el nefasto oficio empleado en la elaboración de sus detalles, sino por una crudeza que parecía desarmar más que suscitar sospechas y por el atrevimiento y el descaro con que todo se llevó a cabo.

Philip Arnold, el hombre que planeó el engaño, se aprovechó de la fiebre del oro que había formado parte de la cultura de California desde 1849, lo que le permitió recaudar casi medio millón de dólares de empresarios deslumbrados mientras que los inversores de la San Francisco and New York Mining and Commercial Company se quedaron con una mina de diamantes que nunca existió. Está claro que Arnold llegó a beneficiarse del escándalo, pero hay que destacar que incluso la buena fortuna del falso minero no continuó para siempre. A finales de año, como indica la edición del 18 de diciembre de 1872 del *Louisville Journal*, Philip Arnold había sido rastreado y se le presentó una demanda de $350 000. Al final, Arnold logró negociar un compromiso en el que entregó $150 000 a cambio de la inmunidad de más litigios y usó el resto de sus ganancias para abrir un banco en el pueblo de Elizabethtown, Kentucky, el próximo año. Sus maquinaciones en esta nueva empresa no le fueron bien, ya que

Portsmouth Square, San Francisco, 1851. En el Belle Union
Hotel (segundo edificio por la derecha) trabajaba Madame
Moustache [Sterling C. McIntyre, Library of Congress].

«Su camino se volvió áspero después de 1855, cuando la fiebre del oro arrasó
con la ciudad de Nevada y la convirtió en un pueblo fantasma (...). En el invierno
de 1856 inició una odisea que se convirtió en leyenda en todo Occidente. Una
vez, cuando dirigía una casa de juego en Fort Benton, Montana, un barco
fluvial se detuvo en el muelle. La mitad de la tripulación estaba enferma de
viruela y, cuando el capitán trató de desembarcarlos, ella lo repelió con sus
dos seis-tiros: "Váyase con ese bote y hágalo pronto —dijo—. No permitiré
que la viruela arruine mi negocio". Una mirada a sus 44 y el capitán siguió sus
órdenes» [*The Atlanta Constitution*, 12/09/1948].

entró en una amarga rivalidad con otro banquero y llegó a recibir un disparo en 1878. Debilitado durante meses, Philip Arnold contrajo neumonía y murió al año siguiente, en 1879, a la edad de cuarenta y nueve años.

El gran engaño del diamante de 1872 es un claro ejemplo de cómo quienes pretendían beneficiarse de las tierras de la frontera, por engaño o por inocencia, podían perder sus fortunas fácilmente. La historia de la infame Eleanor Dumont, más conocida como Madame Moustache (o en castellano, la Señora Bigote), es otro. En las palabras del *Detroit Free Press* (31 de julio de 1881), la jugadora Dumont era...

> … una mujer alta, de tez oscura, ojos agudos, cabello negro azabache, y siempre lucía en su rostro una sonrisa cautivadora para todos los que se acercaban a su mesa. Un bigote delicado en su labio superior, los cabellos negros y sedosos, y de este adorno poco femenino ganó su apodo. Estaba repartiendo el juego de veintiuno y su mesa estaba rodeada por una multitud de jugadores atraídos por la sonrisa seductora de Madame. El dinero fluyó rápidamente a sus arcas y he oído afirmar que, en cualquier momento, podría haberse retirado de los negocios con una fortuna lo suficientemente amplia como para permitirle vivir con gran estilo el resto de su vida.

«Madame Moustache» llegó a California en 1849, junto con los innumerables mineros, empresarios y oportunistas que emigraron al estado en busca de su parte del oro recién descubierto. Durante cinco años operó como apostadora y crupier en San Francisco, después de lo cual se aventuró a la ciudad de Nevada City y, una vez, más trabajó como crupier de *blackjack*. Allí, en el norte de California, abrió su local Dumont's Place y, durante un tiempo, experimentó un éxito notable. Años más tarde, periódicos como el *Hamilton County Democrat* (25 de octubre de 1879) relataron cómo Eleanor usó sus ganancias para invertir en una granja, propiedad que entregó a un hombre con el que se casó mientras estaba en el pueblo minero de Carson City, Nevada. Pero, al igual que los inversores del engaño del diamante de 1872, a cambio de su confianza, Eleanor Dumont fue estafada con su tierra y su dinero. Según el artículo de 1879, así como otras publicaciones de la época, ese mismo marido gastó todo lo que ella había ahorrado durante la fiebre del oro de California y la abandonó.

Durante años, Eleanor Dumont siguió el auge de la minería en los territorios de Montana, Nevada, Dakota del Sur y California, pero nunca logró recuperar por completo el dinero perdido. La edición del 4 de octubre de 1879 del *Montclair Times* registra que su última parada fue en la ciudad de Bodie, California. Allí, pidió prestados trescientos dólares a una persona conocida para organizar un juego de faro, pero a las pocas horas lo había perdido todo. La publicación explica que, rota, «ella no dijo una palabra a nadie, sino que deambuló hasta un lugar apartado de arbustos de artemisa, donde, con su cuerpo, se descubrió un frasco de veneno vacío, que contaba la historia del suicidio». Al igual que los otros relatos de riquezas pérdidas durante la fiebre del oro, la historia de Madame Moustache no tiene un final feliz, pero es importante desde un punto de vista histórico porque alude al hecho de que algunas fortunas —y desventuras— no se encontraron en una mina, sino más bien entre las tiendas de lona y los edificios de madera que bordeaban las calles de los campamentos mineros.

[Khan Zein, Vecteezy].

EL CAMINO A LA FORTUNA

De izqda. a dcha.: Luzena Wilson, Belinda Mulrooney y Mary Jane Megquier [Pamela Dixon, PBS; Yakima Valley Museum; *Apron Full of Gold*, 1949].

Luzena Stanley Wilson, Belinda Mulrooney y Mary Jane Megquier tenían mucho en común. Cada mujer provenía de orígenes humildes: Luzena había vivido en una cabaña de troncos en la pradera, con su esposo, hasta el descubrimiento de oro en California; las cartas personales de Mary Jane Megquier —publicadas en el libro *Apron Full of Gold* (Universidad de Nuevo Méjico, 1994)— detallan cómo Mary fue originalmente ama de casa en el pequeño pueblo de Winthrop, Maine; mientras que una entrevista con Belinda Mulrooney del *Vancouver Sun* (7 de julio de 1962) revela cómo había emigrado a los Estados Unidos desde Irlanda cuando era joven y comenzó a trabajar recolectando chatarra para venderla a sesenta centavos la tonelada. Cada una de estas mujeres hizo el viaje rumbo al oeste cuando la noticia del descubrimiento de oro llegó a los titulares nacionales y, aunque Luzena y Mary buscaron oportunidades en California mientras Belinda continuaba su camino hacia el norte, hacia la frontera de Alaska y Canadá, todas optaron por ganarse la vida vendiendo bienes y servicios a los mineros.

Breaker boy. Niño minero tomando un bocado durante un receso del trabajo en Kingston (condado de Luzerne, Pensilvania), 1890 [Library of Congress].

La autobiografía de Luzena Wilson, *Luzena Stanley Wilson, '49er* (1937), relata cómo la emoción por el oro la inspiró a ella y a su familia a viajar a California en 1849. El plan original era buscar oro por los ríos y colinas de Sacramento, pero lo qué la convenció de que podría ganar dinero de los mineros fue el momento en que uno de ellos se le acercó con la oferta de comprar el pan que había preparado para la cena por diez dólares. Teniendo en cuenta que con diez centavos se podía comprar un kilogramo de harina en un estado como Michigan a mediados del siglo XIX (según el informe anual de 1885, realizado por la Oficina del Trabajo de los Estados Unidos) y que un hombre con diez dólares podía adquirir más de ciento diez kilogramos de harina por semejante cantidad de dinero, no es ningún misterio que Luzena estaba segura de que podría traer prosperidad a su familia en California simplemente a través de la cocina.

Al llegar a Nevada City, Luzena Wilson notó que cerca de donde ella y su familia habían acampado existía un establecimiento próspero que consistía en poco más que un techo de lona y un letrero que decía: «Hotel Wamac. Menú de $1 00». Sintiendo que ella era capaz de brindar un servicio que podría competir con el hotel improvisado, compró algunas tablas de madera y provisiones para establecer su propia casa de huéspedes y, en sus palabras, cuando su esposo regresó esa noche, «encontró, en medio de la extraña luz de las antorchas de los pinos, veinte mineros comiendo en mi mesa. Al levantarse, cada hombre puso un dólar en mi mano y dijo que podía contarlo como cliente permanente». En menos de dos meses, la empresa de Luzena había generado setecientos dólares y atendía diariamente a entre setenta y cinco y doscientos huéspedes a un precio de veinticinco dólares a la semana. Con estas ganancias, se retiró del negocio activo en la cocina y dedicó su tiempo al puesto de ama de llaves en lugar de elegir una profesión más elegante o perseguir el oro que tantos eludían en California. Al recordar sus experiencias durante esos años, comentó: «… trabajábamos; hicimos cosas que nuestros sirvientes ahora verían horrori-

«Los días del 49. Un baile de mineros» (*A Miner's Ball*, A. Castaigne, *The Century Magazine*, 1891). Supper menu, Southern Pacific [New York Public Library].

zados y dirían que era imposible que una mujer las hiciera... Fue una lucha cuerpo a cuerpo con el hambre al principio; después vinieron los tiempos de la abundancia, cuando las minas habían repartido su oro y todos tenían dinero».

En la década de 1890, Belinda Mulrooney siguió un camino similar a través de los Estados Unidos, aunque, en lugar de detenerse en California, continuó la ruta hasta Washington, donde trabajó como comerciante vendiendo sus prendas por toda la costa del Pacífico, antes de trasladarse a Alaska. Cuando los primeros rumores del descubrimiento de oro a lo largo del río Klondike comenzaron a llegar a los Estados Unidos en 1897, en lugar de empacar picos, palas y sartenes, se dirigió a la frontera con cinco mil dólares en ropa interior de seda, artículos de algodón y botellas de agua caliente. Formó parte de uno de los primeros grupos de mineros en hacer el viaje de seiscientos kilómetros por el río Yukón hasta la comunidad de Dawson y allí vendió sus productos de lujo con una ganancia del seiscientos por ciento.

Viendo que para el otoño habría miles de mineros que necesitarían refugio en Dawson, Belinda comenzó a comprar los botes pequeños y las balsas disponibles para construir cabañas para la comunidad, así como un restaurante donde podrían comprar comida. Luego, consciente de la oportunidad económica que podría proporcionar el alojamiento y la comida en un pueblo tan recóndito, decidió construir una cabaña de troncos de dos pisos con perreras para perros de trineo cerca de los terrenos donde se realizaba la mayor parte de la minería y llamó al edificio el Hotel Grand Forks. A medida que empezó a obtener un flujo constante de ingresos, continuó comerciando con productos como licores y suministros de minería, antes de hacerse cargo de varias propiedades mineras. Luego, a principios de 1898, Belinda tomó la decisión de construir un nuevo hotel, esta vez dentro de Dawson, y en los meses siguientes importó *whisky*, candelabros, platería, porcelana fina, ropa de cama y camas de latón. Según la edición del 7 de julio de 1962 del *Vancouver Sun*...

El día que abrió el Fair View Hotel, el bar recaudó $6000 en veinticuatro horas y las veintidós habitaciones con calefacción de vapor, camas con cabeceros de latón y luces eléctricas fueron la comidilla de Dawson. El único inconveniente era que todas las paredes interiores eran de lona cubierta con un elegante papel de pared y se podía escuchar el más mínimo susurro de una habitación a otra. Había baños turcos en Fair View, entrada lateral para mujeres y, con el tiempo, una orquesta tocando en el vestíbulo. Y, cuando el peor de los incendios de la ciudad destruyó el centro de Dawson City ese año, Fair View escapó a él.

En menos de un año, Belinda Mulrooney había logrado pasar de ser una comerciante solitaria a uno de los «personajes» más ricos del Yukón. Los registros bancarios proporcionados al *Vancouver Sun* por Mulrooney indican que, en el momento más exitoso de su carrera, tenía casi $1 500 000 en

Retrato colectivo en el Fair View Hotel, ca. 1899 [Alaska State Library].

oro depositados en su cuenta bancaria y, aunque es cierto que sufrió catástrofes que rivalizaban con sus éxitos, siempre pudo reconstruir su riqueza entre los mineros del norte.

Menos éxito, quizás, experimentó Mary Jane Megquier, pero, de las tres empresarias, es su testimonio el que proporciona la mayor cantidad de información sobre la vida en el país del oro. Llegó a la ciudad californiana de San Francisco en el verano de 1849 con el sueño de volver a sus hijos, en la costa este de Estados Unidos, con un «delantal lleno de oro». A través de las cartas a su familia, queda claro que, desde el principio de su viaje, Megquier era consciente de que el oro se extraía de la tierra en abundancia, pero pronto también apreció que los precios de la ciudad eran tremendamente desproporcionados. En sus primeros meses allí, Mary Jane proporcionó un retrato de San Francisco durante la fiebre del oro, cuando notó la fuerte influencia de la oferta y la demanda, así como el hecho de que muchos que habían venido en busca de fortunas doradas encontraron poco más que ruina…

Supongo que habrás escuchado mil y una historias de esta tierra de oro y maravillas; pueden diferir mucho, pero todas son ciertas. Cada uno escribe en cierta medida lo que siente; algunos entrarán en el negocio en el momento en que pongan un pie en tierra, en tres meses se encontrarán con un valor de cincuenta mil, mientras que otros, cuyas perspectivas son mucho más brillantes, en el mismo corto espacio de tiempo estarán respirando por última vez en una choza miserable, sin un amigo o un solo centavo para pagar los gastos del funeral; son arrojados a una caja tosca con la ropa puesta, en la que murieron: este ha sido el destino de miles desde que estoy aquí; sin embargo, nunca ha habido un lugar donde el dinero se gaste tan generosamente como aquí; se dice que un millón cambia de manos todos los días en las mesas de juego. Cuando llegamos, el primero de junio, había muy pocos almacenes, todo tipo de provisiones tiradas en todas direcciones en las calles, carros corriendo sobre sacos de harina, y arroz, y pan duro, carne de cerdo que se vendía a seis dólares el barril; ahora la harina se está vendiendo a cuarenta dólares el barril, la carne de puerco a sesenta y cinco; el azúcar lo pagábamos tres centavos la libra cuando vinimos, ahora está a cincuenta, y otras cosas a los mismos precios; un par de botas gruesas se vendían el sábado a noventa y seis dólares. El oro es tan abundante que hace muy poca diferencia lo que tienen que pagar. Hay pocas llegadas ahora, algunos días en septiembre y octubre llegaron veinte barcos por día, cada uno con menos pasajeros.

En sus escritos explica cómo, a medida que pasaba el tiempo, las minas seguían arrojando un flujo constante de oro pero muchos que no habían hecho «un día de trabajo en su vida» se iban desanimados o perdían sus ahorros por el costo de la vida, que era muy alto. En su caso, las estimaciones originales para el alquiler de un año rondaban los $4000. En cuanto a la comida, las frutas en demanda, como las piñas, costaban $8; las verduras eran caras y sus finanzas al llegar eran tales que solo podían comprar ternera, pescado en escabeche y pan hecho de harina de mala calidad. Sin embargo, al igual que las mujeres de negocios Luzena Wilson o Belinda Mulroony, Mary Jane descubrió que aquellos que habían viajado a la costa del Pacífico para hacer fortuna no solo necesitaban provisiones, sino también un techo sobre sus cabezas y comidas caseras calientes.

En menos de un año, Mary Jane tenía una tienda y una casa de huéspedes. Según las cartas a sus niños, todas las mañanas se levantaba temprano, hacía café y bollos y papas fritas; asaba un kilo y medio de churrasco y otro de hígado y tenía la mesa puesta hasta las nueve. Después del desayuno preparaba seis hogazas de pan, cuatro pasteles y una selección de alimentos según el día: ternera, cerdo, cordero, nabos, remolacha, papas, rábanos, ensalada, etc. Algunas de las tareas adicionales incluían hacer seis camas todos los días, lavado y planchado; sus servicios estaban tan bien pagados que, en sus escritos, Mary Jane exclamaría, hablando de ella y su esposo: «hemos ganado más dinero desde que estamos aquí de lo que deberíamos ganar en Winthrop [Maine] en veinte años».

Poco después, Mary Jane envió un cheque a sus hijos por la cantidad de $500, así como una caja que contenía más de mil dólares en oro, pepitas y monedas de varias minas locales. Ella escribió sobre cómo los pasillos de todos los hoteles estaban llenos todas las noches, al punto de que muchos no tenían espacio ni siquiera en el piso para acostarse, y cómo en cualquier momento podía enviar cien dólares a sus hijos. Para el año 1855, lo que en un principio habían sido mensajes que comunicaban sentimientos de desconcierto y alarma por las condiciones de San Francisco se había convertido en declaraciones en que Mary Jane explicaba que, si nunca regresaba al estado de Maine, no le causaría ninguna pena. Y aunque, finalmente, abandonó el país del oro para reunirse con sus niños, hasta ese momento experimentó una vida que no había encontrado en ningún otro lugar: «El mismo aire que respiro parece tan libre que no tengo el menor deseo de regresar».

GENERAL STORE.

En la historia del salvaje Oeste, no solo las mujeres ganaron su parte del oro dirigiendo sus oficios hacia aquellos que llegaron con pico y pala. El famoso fundador del periódico *California Star*, Samuel Brannan, se convirtió en el primer millonario del estado al abrir tiendas que vendían las mismas herramientas y equipos que los mineros necesitaban para desenterrar los minerales más buscados. De manera similar, Levi Strauss produjo en esta época pantalones vaqueros duraderos que se hicieron inmensamente populares entre aquellos hombres que pasaban día tras día trabajando en las minas. Las fortunas las hicieron los que invirtieron en ferrocarriles y barcos llenos de suministros para la costa del Pacífico. También estaban aquellos señores conocidos que decidieron conseguir su riqueza no con un producto particular, sino usando una pistola y una amenaza. Con todo, las historias de Belinda Mulrooney, Luzena Wilson y Mary Jane Megquier son notables ya que ilustran cómo una persona, en este periodo de la historia, podía ganar su parte del oro de California simplemente ofreciendo servicios básicos que satisfacían las necesidades humanas básicas. De esta manera, las mujeres tendían a tener ventaja, pues la gran mayoría de quienes perseguían cada descubrimiento dorado eran hombres que no estaban acostumbrados a las tareas que se encomendaban, por tradición, a las mujeres. En el caso del relato de Mary Jane Megquier en particular, su historia revela cómo el lejano Oeste podía ofrecer a una persona más que una simple oportunidad de trabajo o medios para mantener a su familia. Más que una simple bolsa llena de riquezas, la fiebre del oro del siglo XIX podría proporcionar una sensación de libertad y realización que rara vez se encontraba en ningún otro lugar de la nación.

Street scene in mining town. Third St., Victor (Colorado), ca. 1900
[Amon Carter Museum of American Art, Fort Worth, Texas].

Laura Bullion, miembro de la banda del Agujero en la Pared, en su ficha de la Agencia Nacional de Detectives Pinkerton, 1893 [Library of Congress].

III
EL FORAJIDO

En casa tengo una colección de recortes de periódicos dedicados a la documentación de testimonios históricos de los últimos doscientos años; todos ellos otorgan cierta comprensión de algunos de los episodios más sorprendentes del viejo Oeste. Son importantes para mí, no solo por los relatos de primera mano que brindan, sino porque siento que contienen detalles que no siempre entran en un libro de historia. Algunas de las publicaciones más llamativas se ocupan de los informes de la abundancia de robos y crímenes del Oeste y un ejemplo notable es el caso que involucra a un cartero llamado Robert Lawson y un robo de tren cometido el 2 de junio de 1899 por la banda del «Agujero en la Pared».

Según la histórica entrevista, Robert Lawson estaba trabajando en el vagón correo de un tren de la empresa ferroviaria Union Pacific, viajando por el campo abierto de Wyoming, cuando fue detenido inesperadamente por un grupo de hombres que llevaban pistolas de seis tiros. En su informe, que apareció en la edición del *Wyoming Derrick* del 8 de junio, se lee que la banda armada abordó la locomotora y comenzó a amenazar a los empleados, anunciando su plan de volar el tren con dinamita si se negaban a abrir las puertas cerradas que permitían el acceso al coche expreso. Al encontrar resistencia inicial, los ladrones subrayaron sus intenciones con balas, después de lo cual se produjo «una explosión terrible, y una de las puertas quedó completamente destrozada y la mayoría de las ventanas del automóvil rotas. Los bandidos luego amenazaron con volar todo el automóvil si no salíamos..».

Habiendo enfrentado amenazas, disparos y una explosión, Lawson y sus compañeros finalmente decidieron permitir el acceso a su sección del tren. Al hacer esto, algunos de los bandidos los llevaron a la locomotora mientras otros subían al vagón expreso. Allí, los hombres armados...

... ordenaron al mensajero, E. C. Woodcock, que abriera. Él se negó, y los forajidos procedieron a derribar las puertas y abrieron un gran agujero en el costado del vagón. La explosión fue tan terrible que el mensajero quedó aturdido y tuvieron que sacarlo. (...) Los ladrones luego buscaron abrir las cajas fuertes en el vagón expreso con dinamita y pronto lograron entrar en ellas, pero no antes de que el vagón quedara destrozado en pedazos por la fuerza de las cargas. Se llevaron todo de las cajas fuertes y lo que no se llevaron lo destruyeron.

Vagón del correo del Overland Limited, el tren de Wilcox asaltado por la Pandilla Salvaje (otro apelativo de los Hole-in-the-Wall). Los funcionarios examinan los daños de la explosión, que permitió a los ladrones escapar con 30 000 dólares (1899) [Wyoming State Archives; Media Drum World].

Robert Lawson narra paso a paso el método caótico de la pandilla del «Agujero en la Pared», brindando detalles que pueden ser instructivos en la investigación histórica. Sin embargo, a pesar de que estos detalles son interesantes, creo que la forma en que Lawson transmite su historia al periódico también es, en cierto modo, perspicaz. La descripción de Lawson del robo con explosivos (con el que se destrozó un vagón de tren) destaca especialmente por su lenguaje sensacionalista y más propio de un relato ficticio que de una redacción objetiva de una noticia. Se vuelve aún más evidente la «intención aventurera» en la redacción del artículo después de leer un informe alternativo sobre el acontecimiento que proviene de un telegrama enviado la misma mañana del robo del 2 de junio por el maquinista del tren William Jones. El mensaje en cuestión proporciona una explicación mucho más breve de los hechos: «La Primera Sección no. 1 retuvo una milla al oeste de Wilcox. Vagón expreso reventado, vagón de correo dañado. Caja fuerte abierta; contenidos desaparecidos...». El telegrama de Jones es breve y carece de detalles adicionales, lo que indica que el propósito del comunicado era proporcionar un mensaje rápido y sucinto, sin el mismo nivel de información que la entrevista del 8 de junio.

Entonces, al comparar el relato detallado de Lawson con el telegrama de Jones, no puedo evitar preguntarme si el texto más extenso y profundo no solo estaba destinado a informar al lector, sino también a asociar el robo del tren con un sentido romántico del peligro. Es muy posible que esto fuera idea del propio Robert Lawson, intentando agregar una pizca de estilo dramático y hacer que el lector se sintiera como si hubiera estado en la habitación donde ocurrió el crimen. Pero, por otro lado, también se puede conjeturar que el periódico que publicó por primera vez la historia participó en la dramatización del texto durante su desarrollo, ya que tal práctica era bastante común al relatar los hechos atribuidos a los «hombres malos» y forajidos más infames de Estados Unidos.

Tarjeta de gabinete de «los cinco de Forth Five», miembros de la Pandilla Salvaje que se reunieron en esta lejana ciudad de Tejas después de que tres de ellos asaltaran el First National Bank de Winnemucca, Nevada. Allí pasaban desapercibidos y se recreaban entre mujeres y salones; y acudieron a un estudio para retratarse. De izqda. a dcha.: Sundance Kid, Will Carver, Tall Texan, Kid Curry y Butch Cassidy (1900) [John Swartz, Wyoming State Archives].

Encontramos innumerables artículos como este. En la segunda mitad del siglo XIX, una gran cantidad de forajidos más allá de la pandilla del «Agujero en la Pared» atrajeron la atención nacional, al igual que los informes de sus diversos robos a bancos, asaltos a mano armada, fugas de cárceles y robos de trenes. Y, como la entrevista de Robert Lawson, muchos de sus principales crímenes fueron documentados con una fascinación casi macabra. Como resultado, muchos de los forajidos más conocidos ganaron reputaciones de proporciones teatrales e incluso comenzaron a recibir su parte justa de admiración.

El famoso ladrón de trenes Jesse James fue descrito en el artículo «A Terrible Quintette» del *Saint Louis Dispatch* (22 de noviembre de 1873) como un grácil pistolero sin igual en todo el estado de Misuri; un hombre de ojos azules y con manos rápidas y mortales que eran insuperables en habilidad. Pearl Hart era comúnmente conocida como «la reina de los bandidos» o descrita, en el caso del periódico *Woods County News* (12 de agosto de 1899), como una mujer completamente única y audaz que «luchó como una tigresa contra sus captores». El 4 de abril de 1915, el *Pittsburgh Press* describió al ladrón de bancos Henry Starr como un bandido temerario, el nuevo Jesse James de la naturaleza, el sobrino de la famosa forajida Belle Starr y un forajido con un historial que hizo «a las hazañas de los hermanos James parecer un juego de niños». Y la lista continúa.

Dado que entre los forajidos conocidos del salvaje Oeste hay hombres y mujeres que cometieron una serie de actos de robo y asalto y cuyas actividades delictivas condujeron a asesinatos (y, en algunos casos, a muertes múltiples), tales representaciones positivas parecerían estar culturalmente en desacuerdo con una nación que defendía la justicia y la importancia de una civilización democrática y legal —creencias que se habían originado con los padres fundadores del país, Thomas Jefferson y George Washington—. No obstante, la tendencia de rodear al forajido con un sentido de aventura y romanticismo era común tanto antes como después de la época de Robert Lawson y continuó más allá del final del salvaje Oeste y hasta bien entrado el siglo xx.

Algunas de estas descripciones, por supuesto, probablemente surgieron con el propósito de agregar un toque sensacionalista a un texto determinado, un método que a veces sirvió para aumentar el número de lectores de una publicación. Otras tenían un motivo político mucho más claro, a menudo derivado del resultado de la guerra de Secesión y los cambios radicales que sufrieron muchos de los estados del sur durante la reconstrucción. Independientemente de la intención de estos artículos, el efecto general que tuvieron fue el de otorgar al forajido estadounidense un *alter ego* idealizado, una fachada exagerada que hizo que el carácter, las motivaciones e incluso las acciones históricas de criminales tan famosos como Jesse James o Pearl Hart fueran difíciles de determinar. Para algunos forajidos, de hecho, la única versión de su personalidad que existe es la de esas publicaciones sensacionalistas. Pero luego están los que, además de cometer robos y delitos, llegaron a publicar sus propias historias.

Así como los testimonios históricos de hombres como Robert Lawson a menudo pueden brindar una comprensión más matizada de la historia del salvaje Oeste, los relatos personales de famosos forajidos estadounidenses pueden ayudar a revelar más sobre sus personalidades públicas, sus estrategias frente al escrutinio nacional y —hasta cierto punto— sus objetivos finales. Al observar sus personajes públicos, podemos ver cómo algunos de los más grandes forajidos tejieron sus propias historias con la esperanza de ganar influencia sobre el público. Podemos estudiar cómo aprovecharon la publicidad que recibieron, usándola como una herramienta en sus intentos de escapar de la mano veloz de la ley y buscar nuevas oportunidades, legales o no.

Cabecera del *Wyoming Derrick* el 8 de junio de 1899. El relato del empleado postal Robert Lawson ocupa toda la primera página y parte de la segunda.

HENRY STARR

Nacido el 2 de diciembre de 1873 en el seno de una familia cheroqui que ya se había hecho famosa por su tradición de abigeato, contrabando y robo de caballos, Henry Starr casi parecía destinado a convertirse en un forajido. Sus primeros roces con las autoridades locales de Oklahoma comenzaron cuando solo tenía dieciséis años; los siguieron poco después una serie de actividades delictivas que se prolongarían durante treinta y dos años, convirtiendo al hombre en uno de los últimos bandidos estadounidenses en llevar su racha de robos más allá de los días del salvaje Oeste. A lo largo de su vida, Starr llegó a los titulares nacionales como «el Robin Hood del suroeste» y «el último de los espectaculares forajidos de Oklahoma». Su vida (según el *Wichita Eagle* del 9 de mayo de 1909) estuvo «repleta de hechos emocionantes y [de] una valentía que fue notable»; un bandido bravo cuyas acciones (como explicó el *Blackwell Daily News*, 17 de septiembre de 1915) concluían frecuentemente con «un combate librado de manera espectacular con el rifle Winchester y el revólver 45 Colt».

Starr inauguró su vida criminal en 1892, después de que el joven de diecinueve años fuera acusado de participar en contrabando y robo de caballos (actividades que eran el sello distintivo de su tío Samuel Starr, su tía Belle Starr —la «reina de los forajidos»— y su abuelo Tom). No dispuesto a ir a juicio, Henry pagó la fianza. Formó parte de una pandilla que robó depósitos de ferrocarril y varias tiendas generales en diferentes puntos de Oklahoma entre julio de 1892 y febrero de 1893; una ola de crímenes violentos que dejó a uno de los alguaciles adjuntos del estado, Floyd Wilson, muerto a su paso. A partir de marzo, Henry Starr y su pandilla intensificaron sus actividades: asaltaron un tren en Oklahoma y cometieron robos en dos bancos, primero en Kansas y luego en Arkansas. En julio, después de haber cometido múltiples delitos en el transcurso de doce meses, Henry Starr fue finalmente detenido en el estado de Colorado y sentenciado a la

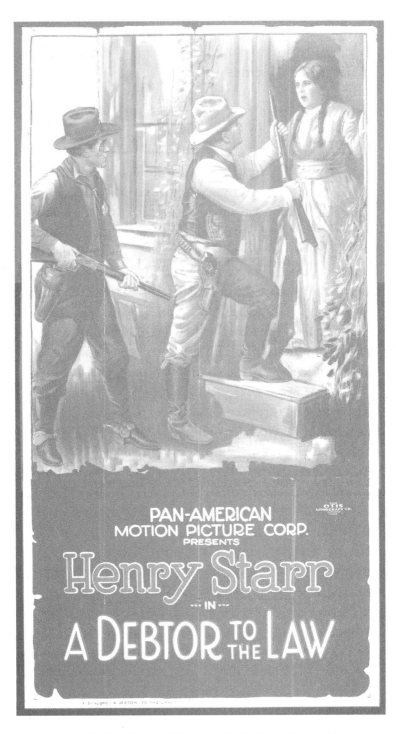

¿Actor? ¿Estrella de Hollywood? La historia de Henry Starr, ciertamente, también era «de película». *A Debtor to the Law* (1919) [Pan-American].

horca por asesinato, aunque las apelaciones judiciales y la negociación terminarían reduciendo la pena a quince años de prisión por homicidio involuntario.

La sentencia de Henry Starr comenzó en 1898 en una prisión federal en Columbus, Ohio, pero, en lugar de vivir quince años de prisión, pudo librarse después de tan solo cinco, ya que logró parar un posible tiroteo entre los guardias de la prisión y un compañero forajido: por esto, Starr recibió un indulto del presidente Theodore Roosevelt y ganó su libertad en 1903. Sin embargo, esta victoria no garantizaba la exoneración de los funcionarios en los estados donde los antecedentes penales de Henry Starr habían quedado impunes. Debido al hecho de que todavía había autoridades —como las de Arkansas— que buscaban extraditar a Henry por sus crímenes anteriores, el forajido liberado pronto pasó a la clandestinidad y, con el tiempo, volvió a la senda del robo de bancos.

Después de asaltar bancos en Kansas y Colorado, en 1909 Henry Starr fue capturado y nuevamente sentenciado a prisión. Durante este periodo de seis años, los intereses de Henry pasaron del robo a la escritura, lo que dio como resultado una autobiografía titulada *Thrilling Events: Life of Henry Starr*, (1914). Este libro es importante ya que ofrece un vistazo inicial a la mente del notorio forajido y rastrea su pasado criminal a través de los años hasta sus primeras fechorías.

Desde su punto de vista, todo comenzó con una acusación falsa de un lugareño llamado Charles Eaton. La autobiografía detalla cómo Starr se encontró con un par de caballos extraviados que eran propiedad de Eaton y que el mismo hombre reclamó algunas semanas después. Starr refleja cómo, al principio, Eaton parecía estar satisfecho con el «buen estado» de los animales, pero poco después él recibió una orden judicial por hurto y, posteriormente, fue llevado a Fort Smith para ser juzgado. En el texto, Starr detalla cómo las autoridades lo colocaron en una celda inmunda entre ladrones de caballos y salteadores de caminos, lo despojaron de su dinero y sus posesiones y luego agregaron insulto a la herida al inventar una multa irrisoria para que la pagara. Starr deja en claro que la experiencia terminó con su exoneración, pero explica que todo el proceso había sido lo suficientemente desagradable como para hacerlo cuestionarse si era un «hijo de la desgracia» o simplemente sufría de «mala suerte».

Esta primera reflexión insinúa una cuestión que se repite a lo largo del texto: que, desde un principio, Henry Starr había sido maltratado por las autoridades y fue víctima de prácticas corruptas fuera de su control que, con el tiempo, lo llevarían a contraatacar. Es un sentimiento que aparece unas páginas más adelante cuando Starr expone cómo, a pesar de su inocencia en un segundo conflicto con las autoridades de Oklahoma, el tribunal logró engañarlo para que admitiera su culpabilidad y, una vez más, le quitó el poco dinero que tenía. Del escrito se extrae que, a consecuencia de estos primeros episodios en los que los funcionarios locales se habían

«Fotografía de Henry Starr, su esposa Olive y su hijo Teddy Roosevelt Starr, indios cheroqui» (ca. 1910) [Globe Studio; Henry Starr Family; Oklahoma Historical Society].

esforzado al máximo por causarle pena, se decidió por una vida delictiva: «Empecé a pensar que, dado que tenía el nombre de "malo", podía tener también el trofeo». Starr continúa relatando cómo su primer robo no fue impulsado por la codicia, sino por el deseo de vengarse de todos los males que había sufrido en su adolescencia. Al hacer referencia al tiroteo en el que disparó y mató a Floyd Wilson, Starr vuelve a subrayar cómo la situación surgió más de una injusticia que de sus propias acciones. Al parecer, el alguacil adjunto Floyd Wilson había ido a la casa de la hermana de Starr, derribó la puerta y amenazó con dispararle en cuanto lo viera. Cuando Wilson vio a Henry Starr, al instante, disparó primero, dejando escapar hasta cinco balas antes de que Starr tomara represalias. El autor sigue la explicación que rodea la muerte de Floyd Wilson con el siguiente pensamiento:

> Me había prometido a mí mismo nunca disparar a menos que fuera para salvar mi propia vida y nunca he tenido ningún escrúpulo de conciencia por ese hecho. Era simplemente un caso de sus vidas o la mía. Comenzaron los fuegos artificiales y, además, en el juicio se descubrió que la orden de arresto que tenían era falsa. Estaban trabajando por la recompensa que les ofrecía el ferrocarril...
>
> En mi camino al condado de Osage me di cuenta de que había hecho lo único que nunca había deseado hacer y de que ahora no había vuelta atrás. Decidí, siendo ese el caso, disparar mientras pudiera ver las miras de las armas.

Henry Starr se describe a sí mismo como un hombre humilde, arrepentido e incluso valiente y con conciencia. Se presenta como una persona que buscó defenderse de los falsos acusadores y de los diputados corruptos y cuyas acciones fueron provocadas y exageradas en todo momento; como alguien que —a pesar de sus intenciones— se lanzó de cabeza a la lucha contra la adversidad. En la página final de su autobiografía, Starr reconoce que no había llevado una vida correcta, que había tomado el dinero de la gente y que sabía que estaba mal hacerlo desde el principio. Pero, al mismo tiempo, también refuta la idea de que su actuación haya sido delictiva, alegando que su carrera era moralmente comparable a la de quienes ocupaban cargos públicos. Explica que, aunque había sido un ladrón, solo había sido «un pequeño ladrón... Los grandes ladrones nunca van a la trena y, además, se quedan con lo que roban».

Es muy posible que, después de la publicación de su autobiografía, al menos algunas personas no culparan a Henry Starr por sus robos o por la muerte del diputado Floyd Wilson, ya que hubo quienes también fueron víctimas de corruptos políticos y prácticas institucionales. Sin embargo, a pesar de que la historia de la injusticia en Starr es a veces convincente, es difícil estimar durante cuánto tiempo una persona podría haber empatizado con el forajido. El año después de que Henry Starr fuera puesto en libertad condicional, en 1914, reanudó su trayectoria como forajido, robando un número sin precedentes de catorce bancos en todo el estado de Oklahoma: dos en el mes de septiembre, tres en octubre, dos en noviembre, dos en diciembre y un total de cinco bancos en enero de 1915. Aun así, la suerte de Henry se acabó el 27 de marzo, cuando intentó cometer un doble robo en el Stroud National Bank y el First National Bank en la ciudad de Stroud, Oklahoma. Allí, en medio del humo de las armas, fue herido, capturado y, posteriormente, enviado a prisión.

Durante cuatro años, Henry Starr sirvió en la penitenciaría del estado de Oklahoma, pero los periódicos que registraron su arresto no serían los últimos en publicar su nombre. El 1 de mayo de 1919, el año de su libertad condicional, Henry Starr apareció en el *Washington County Sentinel* para redimirse ante los ojos del público una vez más. En una entrevista sobre su salida y planes futuros, Starr detalló cómo había dejado atrás la vida de un «maestro bandido». Henry no solo expresó su deseo de convertirse en un ciudadano honesto y utilizar sus experiencias y conocimientos para trabajar en la industria del cine, sino que también denunció la noción de que había algo aventurero o romántico con respecto a sus acciones criminales pasadas, afirmando:

Ahora tengo cuarenta y cinco años y diecisiete de mis cuarenta y cinco años los he pasado en prisión. ¿No es eso suficiente para decirle a cualquier chico que no hay nada en el tipo de vida que he llevado?

... Tengo un niño de catorce años en Muskogee. ¿Crees que quiero hacer un truco cinematográfico que lo inspire a seguir mis pasos? Poco. Nuestra película va a tener una moraleja, una moraleja fuerte también. Va a cubrir mi vida desde el principio hasta ahora y no mostrará nada más que errores, hasta el momento en que vi diferente. Eso es lo que voy a hacer. No consentiría tener nada que ver con la película hasta que me dieran la seguridad de que llevaría consigo su lección moral, y eso es lo que va a hacer.

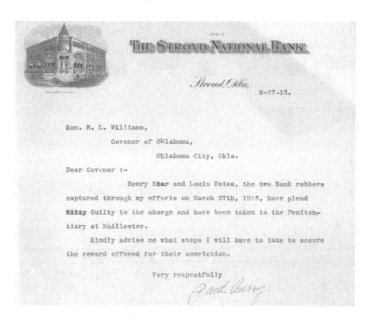

Paul Curry, el joven que disparó y capturó a Starr y a Lewis Estes el 27 de marzo de 1915, escribió en agosto al gobernador Robert L. Williams reclamando la recompensa [Oklahoma State Archives].

Este artículo en particular es interesante porque proporciona una versión diferente de Henry Starr, una que da la impresión de que, después de su tercera condena en prisión, el exforajido, finalmente, había pasado página. En lugar del criminal o del *outlaw* que había aterrorizado a Occidente con atraco tras atraco como represalia contra un sistema corrupto, el hombre que estaba reinsertado en la sociedad en 1919 era, en realidad, un moralista educado y arrepentido que, en palabras del autor del artículo, «había estado investigando el lado sórdido de la vida y, al coser las costuras, tal vez había sufrido por falta de un dedal». Ese mismo año se estrenó la película muda titulada *A Debtor to the Law*, en la que Henry Starr tuvo el papel de protagonista; contaba la desafortunada historia de los robos a los bancos de Stroud, Oklahoma. El cambio en la carrera de Starr sugiere que, por un tiempo, Starr realmente tenía la intención de convertirse en un hombre nuevo. Pero, después, como tantas veces antes, sucedió algo que pone en duda esta nueva rehabilitación.

Fotocromo de *A Debtor to the Law* (1915). Starr, interpretándose a sí mismo, recrea el atraco en que acabó detenido [Pan-American; *Henry Starr Movie*].

Llevando la contraria a las afirmaciones de que ya no era un «hombre malo del Oeste», el 18 de febrero de 1921, Henry Starr entró al Banco Estatal Popular de Harrison, Arkansas, para otro atraco bancario. Incluso después de diecisiete años de prisión, Henry Starr encontró la necesidad de cometer un robo, solo que, el día de este asalto final, fue herido de muerte. Según el *Hutchinson Gazette* (19 de febrero de 1921), Starr recibió un disparo y, mientras agonizaba, con la columna vertebral fracturada, el médico que lo atendía, el Dr. Fowler, registró algunos de sus comentarios finales, en los que Starr declaró: «He robado más bancos que cualquier hombre en los Estados Unidos... Tenía una deuda de $2000 y tenía que conseguir el dinero, así que volví a ser ladrón de bancos. Lo siento, pero el acto está hecho».

Este comentario final sugiere que Starr, en los últimos momentos de su vida, se había dado cuenta de que su carrera de toda una vida como ladrón había terminado sin nada que ofrecerle excepto una deuda por valor de dos mil dólares. Es un comentario que, al igual que sus anteriores declaraciones públicas, sugiere cierto arrepentimiento. Pero, por supuesto, cada vez que el forajido se había encontrado en el centro de la atención pública antes, había trabajado para presentar una nueva versión de su personaje de forajido: uno, el que era inocente y merecía su libertad; otro, la estrella de cine que había sido rehabilitada; y otro, el hombre arruinado y arrepentido. Considerando cómo sus repetidas recaídas desmienten sus frecuentes declaraciones de arrepentimiento, ¿quién puede decir exactamente cuánto remordimiento sintió de verdad Henry Starr, el hombre que robó más bancos que nadie en la historia de los Estados Unidos?

Jesse Woodson James, con su uniforme de la guerrilla confederada de Quantrill, en 1863, cuando tenía dieciséis años. Se integró para combatir frente al bando unionista junto con su hermano mayor Frank, al parecer después de que su familia sufriera represalias por la militancia de este [Taylor Copying Co., Library of Congress].

JESSE JAMES

A diferencia de esos forajidos que se asociaron con sus hazañas infames, la carrera criminal de Jesse James está llena de incertidumbre, no porque sus crímenes nunca se registraran ni porque nunca fuera identificado, sino porque regularmente y públicamente negó haber tenido alguna conexión con los robos que se le atribuían.

Llegando a la adolescencia durante la guerra de Secesión, James y su hermano Frank formaron parte de los guerrilleros confederados que participaron en la lucha contra los «yanquis» del norte, un hecho que Jesse admitió con orgullo a través de varios artículos periodísticos, como los que aparecieron en el *St. Louis Dispatch* (22 de noviembre de 1873) y el *Atchison Daily Champion* (29 de julio de 1875). Después de que terminó la guerra en 1865, los grupos armados de los leales del sur continuaron luchando contra los partidarios del Gobierno de los Estados Unidos, participando en tiroteos y robos, pero es difícil determinar si James formó parte de estos asaltos. Según su testimonio, Jesse James había recibido una herida severa en el pecho que lo había dejado prácticamente «a las puertas de la muerte» durante casi dos años, alejándolo del mismo tipo de delitos por los que se haría famoso tiempo después. Entonces, no está claro exactamente cuándo participó en su primer robo, pero lo que es evidente es que, en 1869, el nombre de Jesse James empezó a aparecer en periódicos como el *St. Joseph Gazette* (17 de diciembre) y el *St. Joseph Weekly Union* (23 de diciembre) identificado como un forajido armado. Pronto siguieron otros y, con el tiempo, también lo hicieron las ofertas de recompensas por su captura.

Casi al mismo tiempo que estos artículos se materializaron, James comenzó a cuestionar aquellos editoriales que lo catalogaban como un personaje rebelde, asesino y desesperado. Jesse James rechazó, por ejemplo, las sugerencias de que había formado parte de una pandilla que cometió un robo a

«El rugido atronador, el aire tembloroso, le dijeron que el tren estaba cerca. Al momento giró la curva, apareció a la vista, y el gran faro arrojó una amplia llamarada roja sobre la escena. Se acercaba con una prisa temerosa cuando Jesse, de repente, encendió su faro y lo agitó a lo largo de la vía» [*Detective Library*, 9 de diciembre de 1893].

un banco en Russellville, Kentucky, el 20 de marzo de 1868. En lugar de estar presente en la escena del crimen, James declaró que había estado en la ciudad de Chaplin y que «doscientas personas respetables» podían jurar que se encontraba a ochenta kilómetros de distancia en el momento en que se produjo el hecho (*St. Louis Dispatch*, 22 de noviembre de 1873).

Otro episodio histórico en el que Jesse James se negó a aceptar que tuviera algo que ver fue el robo del banco en Gallatin, Misuri, el 7 de diciembre de 1869. Fue un atraco en el que los ladrones se llevaron entre seiscientos y novecientos dólares y que terminó con el asesinato de uno de los cajeros del banco, el capitán John Sheets, quien recibió un disparo en el corazón y otro en la cabeza. En una carta al gobernador del estado que apareció en el *Liberty Tribune* (24 de junio de 1870), James afirmó que la razón principal por la que se le consideraba sospechoso del crimen era que uno de los caballos que los ladrones habían utilizado en el asalto fue abandonado en el banco y era una yegua que una vez había sido de su propiedad. El forajido manifestó fervientemente su inocencia y argumentó que la conexión entre él y los eventos de Gallatin eran incendiaria y falsa, ya que había vendido el caballo en cuestión algún tiempo antes. En la carta, Jesse James incluso se ofreció a entregarse a las autoridades civiles de Misuri para defender su nombre, pero también se excusó de hacerlo asegurando que, si se sometía a un arresto...

> Sería acusado y ahorcado sin un juicio. El pasado es suficiente para demostrar que guerrilleros han sido arrestados en Misuri desde la guerra, acusados de robo de bancos, y la mayoría de ellos han sido asaltados sin juicio. Les citaré el caso de Thomas Little, del condado de Lafayette, Misuri. Unos días después del robo del banco en Richmond, en 1867, el Sr. Little fue acusado de ser uno de los perpetradores del hecho. Fue enviado desde St. Louis a Warrensburg bajo una fuerte guardia. Tan pronto como las partes llegaron allí, se enteraron de que él (el Sr. Little) podía demostrar, por medio de

los ciudadanos de Dover, que era inocente del cargo; tan pronto como estos sinvergüenzas se enteraron de que era inocente, una multitud se armó, entró en la cárcel, lo sacó y lo ahorcó.

Además de los atracós de Russellville y Gallatin, Jesse James negó haber cometido robos a bancos que ocurrieron en el estado de Iowa el 3 de junio de 1871 o Kentucky el 28 de abril de 1872, aseverando que había estado en diferentes partes del país; ambas negaciones aparecen en la citada entrevista del *St. Louis Dispatch* (22 de noviembre de 1873). También se desvinculó de haber participado en:

— Un robo en la taquilla del recinto ferial de Kansas City en Misuri, en octubre de 1872. *Kansas City Times* (20 de octubre de 1872).
— Un ataque al banco en Sainte Genevieve, Misuri, en mayo de 1873. *St. Louis Dispatch* (22 de noviembre de 1873).
— El robo de un tren en Adair, Iowa, en julio de 1873. *St. Louis Dispatch* (22 de noviembre de 1873).
— El atraco a un banco en Huntington, West Virginia, en septiembre de 1875. *Globe-Democrat* (24 de septiembre de 1875).

Como si la cantidad de desmentidos de James no fuera suficiente, en octubre de 1874, la madre de Jesse tomó la decisión de hacer también declaraciones públicas sobre la inocencia de su hijo y explicó, en una entrevista para el *St. Louis Republican*, que lo que insinuaba cada acusación hecha entre la primavera de 1874 y el 20 de octubre del mismo año —fecha de publicación del artículo— no solo era «totalmente falso, sino imposible». La razón de esto, según Zerelda James, era que los hermanos James estaban en Méjico, y agregó que, «aunque sus hijos cabalgaran el torbellino o el telégrafo, no podrían estar en Pensilvania, Iowa, Misuri, Arkansas y Tejas y perpetrar una veintena de varias diabluras, todo en un día o una semana».

Para los lectores del siglo XIX, tantas negaciones habrían permitido saber cuántos de los robos atribuidos a la banda de James (que sumaban entre veinte y veinticinco) involucraban realmente a Jesse James, especialmente cuando escritores como John N. Edwards defendieron las acciones del forajido como una serie de «aventuras emocionantes y exhibiciones de coraje y fortaleza casi increíbles» (*St. Louis Dispatch*, 22 de noviembre de 1873). Luego está el hecho de que Jesse James, además de expresar su indignación por haber sido acusado injustamente, apelaba a su audiencia aludiendo a su servicio en la guerra, alegando que había «luchado durante cuatro años para salvar al país de la tiranía del Norte» y que «ser perseguido por periódicos que afirmaban ser demócratas no tiene sentido» (*Atchison Daily Champion*, 29 de julio de 1875). En el gran esquema de las cosas, es dudoso que alguien familiarizado con la carrera criminal de James hubiera absuelto por completo al forajido de sus múltiples delitos, pero las frecuentes impugnaciones tenían el potencial de convencer a los lectores de que, en algún momento, James había sido acusado injustamente, si no de todos sus crímenes, entonces al menos de una cantidad. Tal debe haber sido el caso, ya que hubo un momento, en 1875, en que un grupo de simpatizantes con mentalidad política (personas que sentían que los hermanos James habían sido injustamente difamados) trabajaron para otorgar el perdón a Jesse.

[*Detective Library*, 19 de octubre de 1889].

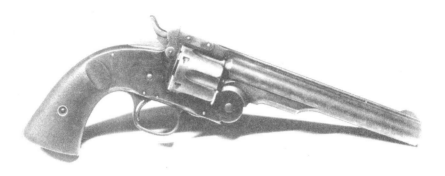

Última arma utilizada por Jesse James, una
.45 Schofield. Ca. 1921 [Library of Congress].

El 19 de marzo de 1875, el *Daily Journal of Commerce* informó de que el Sr. Jeff Jones había presentado un proyecto de ley en la Asamblea Legislativa de Misuri con el claro propósito de *perdonar* a las bandas de James y Younger e invitar a los dos grupos a regresar a su estado natal. El documento detalla cómo James y otros habían «arriesgado valientemente sus vidas y todo en defensa de sus principios» y eran «demasiado valientes para ser malos, demasiado generosos para ser vengativos y demasiado galantes y honorables para traicionar a un amigo». Según el proyecto de ley, eran ante todo buenos hombres y «su perdón y repatriación a amigos honestos tendría el efecto de disminuir en gran medida el crimen».

El documento demuestra cuánto apoyo público tenía Jesse James, incluso después de aterrorizar a los bancos de todo el estado durante años. Aunque la propuesta de 1875 no fue aprobada en la Asamblea Legislativa, James siguió beneficiándose de la protección y la ayuda de quienes lo veían como un rebelde y héroe de guerra. Está claro que mantener este espíritu de aprobación e influir en la opinión pública en favor de Jesse James era de suma importancia para su supervivencia. El hecho de sembrar dudas sobre su culpabilidad siempre que fuera posible parece formar parte de una estrategia para evitar a las autoridades estatales, una que seguiría funcionando durante siete años más… por supuesto, eso terminó cuando los hermanos Ford se unieron a su pandilla.

LOS HERMANOS FORD

El 7 de septiembre de 1881, la pandilla de James abordó un tren cerca de Glendale, Misuri, y robó a sus pasajeros y el vagón expreso en un incidente conocido como el robo del tren Blue Cut. Entre los que participaron en el asalto estaban Jesse y Frank James, Dick Liddil, Charles Ford y Wood Hite, este último primo hermano de los hermanos James. Del grupo, Charles era una incorporación relativamente reciente, pero resultó útil tanto durante como después del robo de Blue Cut, ya que él y su hermano Bob ofrecieron refugio a los otros integrantes en la casa de su hermana cuando la pandilla huía de la ley. Poco después, sin embargo, comenzaron a surgir problemas entre los forajidos.

Mientras estaban en la residencia Ford, a pesar de haber trabajado juntos durante algún tiempo, el 4 de diciembre estalló un desacuerdo mortal entre Dick Liddil y Wood Hite. En su confesión, publicada en la obra de 1898 *The Trial of Frank James for Murder*, Liddil explicó que una discusión sobre la división del dinero conseguido en el suceso de Blue Cut provocó que los dos hombres se apuntaran con sus pistolas. Wood Hite y Dick Liddil intercambiaron disparos: Liddil disparó cinco veces a Hite y el otro descargó cuatro balas a cambio. También presente en el tiroteo estaba Bob Ford y, según Liddil, fue Ford quien disparó la bala que eliminó a Hite. Dick Liddil sufrió varias heridas en el tiroteo y, entre su sensación de debilidad y su temor de que Jesse lo acabara matando por la muerte de su primo hermano, decidió entregarse a las autoridades. Bob Ford, siendo el hombre responsable de la muerte de Hite, también se rindió, pero, debido al hecho de que las autoridades de Misuri no habían dejado de perseguir a los hermanos James e incluso ofrecían recompensas de cinco a diez mil dólares por su captura, Bob negoció terminar con la vida de Jesse James a cambio del perdón para él y su hermano.

THE DEATH OF JESSE JAMES.

«La muerte de Jesse James». Robert (Bob) Ford, acompañado por
su hermano Charley, asesina a James por la espalda cuando este
se dispone a colgar un cuadro [*The Outlaw Brothers*, 1881].

Liberados para cumplir con su parte del trato, Bob y Charles Ford acompañaron a Jesse James en la primavera de 1882 a su casa en St. Joseph, Misuri, donde el famoso forajido vivía con un nombre falso. A partir de ahí, el plan era viajar a Platte City, donde iban a cometer el siguiente robo, pero, el 3 de abril —el mismo día en que se hizo público el arresto de Dick Liddil en los periódicos de Misuri—, Bob Ford disparó y mató a Jesse James. El relato del asesinato apareció en *Jesse James, My Father* (1906), una publicación en la que el hijo de James, Jesse James Junior, expuso su versión de los hechos y la motivación que tuvieron los hermanos Ford para matar a su padre:

> Padre no tenía la menor sospecha de que los Ford tuvieran la intención de hacerle daño. Esto lo prueba el hecho de que, después del desayuno esa mañana, padre se quitó el cinturón y los revólveres y los arrojó sobre la cama y tiró su abrigo sobre ellos. Hizo esto porque era una mañana muy calurosa y el cinturón y los revólveres eran pesados de llevar. Otra razón fue que era necesario tener las puertas y ventanas abiertas y padre pensó que las personas que pasaban por la casa podrían sospechar si lo veían armado. Después de que mi padre pusiera los revólveres sobre la cama, notó que un cuadro en la pared colgaba torcido. Colocó una silla debajo de la imagen y se paró sobre ella para enderezarla y luego comenzó a quitarle el polvo. De pie así, estaba de espaldas a los muchachos Ford, que estaban en la habitación. (...) Bob Ford sacó su revólver, apuntó a la nuca de mi padre y lo amartilló. Padre escuchó el clic del martillo [percutor] e hizo un movimiento como para darse la vuelta. Pero, antes de que pudiera hacerlo, Ford apretó el gatillo y padre cayó muerto hacia atrás. (...) Años después, los Ford, que se vieron despreciados por todos los hombres debido a este asesinato, negaron haber disparado a mi padre por la recompensa y sostuvieron que se enteraron de que Jesse James sospe-

chaba de traición y tenía la intención de matarlos y le dispararon para protegerse. Que esta historia era absolutamente falsa lo demuestra el hecho de que, inmediatamente después del asesinato, Charlie Ford envió el siguiente telegrama al gobernador de Misuri: «Tengo a mi hombre».

Después de disparar a Jesse James, Bob y Charles Ford se entregaron a las autoridades. Fueron acusados de asesinato en primer grado, sentenciados a la horca y luego indultados sumariamente por el gobernador de Misuri. Ahora libre, y conocido como el hombre que mató a Jesse James, Bob Ford abrazó su nueva celebridad y empezó a recorrer el país acompañado por su hermano Charley para contar la historia de su triunfo sobre el famoso forajido.

Las noticias de las representaciones teatrales de los Ford aparecieron en varios periódicos durante los meses siguientes. El 19 de abril de 1883, el *Oakland Tribune* informó que el gerente del gran Teatro Central de Filadelfia había lle-

CHARLEY FORD.   BOB FORD, the slayer of Jesse James.

Los hermanos Ford, Charley y Bob, grabados en *Illustrated lives and adventures of Frank and Jesse James, and the Younger Brothers* [Joseph A. Dacus, 1882].

gado a un acuerdo con Bob Ford, quien originalmente tenía la intención de presentar su *obra* en el Teatro Nacional. El *Burlington Herald*, el 29 de septiembre del mismo año, hizo saber que los Ford representaron su drama en el Buckingham Theatre y que atrajeron a tantos asistentes que hubo que rechazar a quinientas personas. Para los hermanos Ford, fue un periodo de autopromoción en el que sus presentaciones públicas y entrevistas sirvieron como oportunidades para etiquetarse a sí mismos como expertos oficiales en la banda de James. Esto es particularmente evidente en un artículo que apareció en el *Buffalo Sunday Morning News* el 4 de marzo de 1883, en el que Charles Ford explicó cómo había pasado más de dos años con Jesse James.

En la entrevista, Ford describió a James como un hombre rudo que haría cualquier cosa «para que su nombre apareciera en los periódicos», incluido matar a un hombre. También entró en detalles específicos sobre uno de los robos bancarios de la pandilla, en el que a Jesse James...

> ... le dispararon cuando intentaba llegar a su yegua, que estaba enganchada justo delante. El tiro golpeó el cabestro y la yegua lo rompió y salió corriendo, y James tuvo que saltar detrás de uno de sus hombres. Su yegua fue capturada y reconocida. Lo persiguieron hasta su casa, pero escapó después de matar al *sheriff* y a otros dos o tres hombres.

Esta referencia resulta llamativa porque Ford ubica a Jesse en uno de los robos que el mismo James había negado haber cometido, específicamente el robo a un banco en 1869 en Gallatin, Misuri. Un lector al corriente de las afirmaciones de inocencia de Jesse James podría preguntarse cómo Charles Ford se enteró del evento, considerando que él fue uno de los últimos hombres en unirse a la tripulación. Pero si el exforajido había escuchado a Jesse contar la historia él mismo, leído el relato en el periódico o inventado los detalles de la entrevista no es tan importante como el hecho de que los hermanos Ford estaban usando su fama para reinventarse con fines de lucro. Según se extraía de las entrevistas, eran miembros de la banda de James desde hace mucho tiempo y las principales autoridades al hablar de sus hazañas históricas.

Con todo, la publicidad que Bob y Charles Ford ganaron a través de dramas teatrales y publicaciones no les reportó los elogios que buscaban. En la misma noticia del *Buffalo Sunday Morning News* (4 de marzo de 1883), Charles mencionó la cantidad de amenazas de muerte que había recibido desde el asesinato de Jesse James y, aunque restó importancia a la peligrosidad de esos mensajes, publicaciones posteriores sobre los Ford revelan cómo los sentimientos hostiles hacia los hermanos solo aumentaron con los años. El mencionado artículo del *Burlington Herald* sobre su actuación en Louisville en septiembre explicaba cómo ese día, mientras Bob Ford recreaba el momento del disparo mortal, dos ter-

Con esta imagen, en que empuña su arma, Bob Ford presumía de ser el «sucio pequeño cobarde» que mató a Jesse James [Lozo, San José, Misuri].

cios del teatro se levantaron de sus asientos y procedieron a gritar insultos al dúo, identificándolos como «asesinos» y «ladrones». El 16 de octubre de 1887, el *Morning Astorian* publicó una reseña de una nueva producción de una comedia de Alvin Joslin en la que uno de los personajes era un villano llamado Bob Ford, cuyo diálogo se limitaba a frases como: «Soy malo y quiero matar al anciano y quedarme su dinero. ¡Ajá! ¡Haré algunos asesinatos aquí mismo!». Al año siguiente, el 9 de agosto de 1888, el *Kansas City Star* publicó una artículo que celebraba al «audaz caballero de la carretera» Jesse James y presentaba a Bob Ford como un jugador migrante que nunca estuvo completamente sobrio.

Ninguno de los hermanos vivió lo suficiente como para escapar de la reputación impopular que se habían ganado en la década de 1880. Charles se suicidó en 1884 y, a pesar de que Bob intentaba cambiar su imagen pública reiteradamente, se produjeron varios atentados contra su vida en los años posteriores al asesinato de Jesse James. En este lapso de tiempo, Bob Ford esperaba ganarse la simpatía a través de entrevistas editoriales, con múltiples relatos en los que desempeñaba el papel de un hombre estoico que intentaba seguir adelante con su vida.

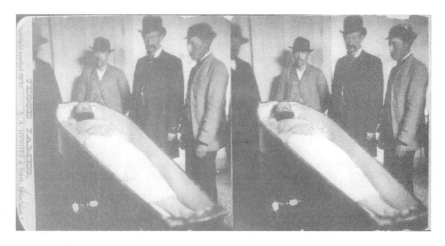

Jesse James yace en su féretro, muerto por un traidor. Fotografía estereoscópica, 1882 [A. A. Hughes & Bro., Library of Congress].

Un ejemplo notable apareció en *St. Joseph News-Press* el 23 de diciembre de 1889. Bob contó cómo un «vaquero medio borracho» sacó su revólver y comenzó a dispararle. Según su versión, Ford no tuvo más remedio que defenderse y logró disparar tres tiros que inutilizaron al aspirante a asesino. Después, llevó al hombre a su casa, contrató el servicio de un médico y una enfermera y pagó la atención: «no podía terminar de agradecerme lo que había hecho por él». La entrevista pinta a Ford como un pistolero notable que empatizaría y haría las paces con su prójimo incluso si ese hombre hubiera atentado contra su vida. Tal vez estos relatos pretendían prevenir futuros ataques o mostrar que Ford no era un asesino a sangre fría, sino un hombre cuyos días de derramamiento de sangre habían quedado atrás. Independientemente de sus deseos, poco cambió y Bob Ford conservó la fama de ser el «pequeño cobarde sucio» que puso a Jesse James en su tumba. Como recompensa por sus repetidos intentos de transformarse en algo más que un asesino, Bob fue asesinado a tiros en 1892 en el campamento minero de plata de Creede, Colorado. Lo mataron mientras se preparaba para abrir su salón.

Levantamiento del cadáver de Bob Ford, asesinado por Edward O'Kelley en aparente venganza [Amon Carter Museum of American Art, Fort Worth, TX].

PEARL HART

En muchos sentidos, la carrera criminal de Pearl Hart se quedó corta en comparación con las de sus contemporáneos. A diferencia de lo que ocurrió con los delincuentes que iniciaban una secuencia de delitos que durarían meses (o, a veces, años), las autoridades rastrearon y capturaron tanto a Pearl Hart como a su socio Joe Boot solo unos días después de su primer robo, un hecho que tuvo lugar en Arizona el 30 de mayo de 1899. Para restar aún más valor a lo que se convertiría en su insólita reputación legendaria, Pearl no solo terminó en la cárcel antes de que pasara una semana, sino que la «fortuna» que había robado de la diligencia que había atracado se reducía a apenas cuatrocientos treinta y un dólares con veinte centavos arrebatados a los pasajeros. Sin embargo, a pesar de haber cometido solo un robo (y bastante poco rentable), a Pearl Hart le fue mucho mejor que a la mayoría de los forajidos que aparecieron en los titulares editoriales en un aspecto particular: la publicidad.

En la historia del lejano Oeste, no muchas mujeres habían recurrido al robo, por lo que, casi de inmediato, los periódicos desde Nueva York hasta California se lanzaron a escribir historias sobre el asalto a la diligencia de Pearl Hart, tratán-

Lillie Naomi Davy, «Pearl Hart» (1871-1935).

dolo como una gran novedad. Para Pearl (que notó la atención), esta era una gran oportunidad: a cambio de la cobertura nacional, la aspirante a bandida concedió una serie de entrevistas, desde el momento de su captura hasta el de su juicio, en las que brindó detalles específicos de la historia de su vida que, seguramente, generarían simpatía.

En la edición del *San Francisco Examiner* del día 2 de octubre de 1899, Hart explicó que, tan solo unos días antes del robo, había estado en el punto más bajo de su vida: deprimida, indigente y contemplando el suicidio. Contó cómo había enviado todo su dinero para ayudar a su hermano, cómo su esposo abusivo la había acosado a cada paso hasta que ella no pudo soportarlo más y cómo, en medio de un mar de problemas, había recibido una carta que contenía la noticia de que su madre se estaba muriendo. Con el único deseo de ver a su madre por última vez, Pearl Hart se unió a un minero llamado Joe Boot y pasó sus días cavando en las colinas de Arizona con un pico y una pala, con la esperanza de encontrar algo valioso con lo que poder hacer el viaje de regreso a casa. Desafortunadamente, allí sus esperanzas fracasaron y, en un instante de desesperación, Joe Boot sugirió robar la diligencia cuya ruta discurría entre las ciudades de Globe y Florence, Arizona.

En su testimonio, Pearl confiesa que, al principio, no le convenció la propuesta de Boot:

> … tenía miedo de robar una diligencia. Parecía una empresa desesperada para una mujer de mi tamaño. Joe, finalmente, dijo que era bastante fácil y que nadie saldría lastimado. «Una frente audaz —dijo— es todo lo que se necesita para robar cualquier diligencia». «Joe —le dije—, si me prometes que nadie saldrá herido, iré contigo». Él lo prometió e hicimos nuestros planes.

Mientras que forajidos como Henry Starr luego culparían a una sociedad cruel y corrupta por su consumado descenso a la anarquía, Pearl Hart adoptó un enfoque más personal,

«The Deadwood Coach». Paso de la diligencia de Deadwood, Dakota del Sur, 1889 [John C. H. Grabill, Library of Congress].

contando una historia de pérdida con la que muchos lectores del siglo XIX podrían identificarse. No dudó en remarcar cómo se había quedado sin suerte y sin dinero y, en los días previos al robo, una época en la que Hart había sido la proverbial «damisela en apuros», sintió que no era del todo ella misma, hasta el punto en que se preguntó si las dificultades de su vida la habían vuelto loca.

Esta misma historia apareció en muchas otras publicaciones en las que insinuó un plan de defensa de la locura temporal, pero lo interesante es que muchas de estas interpretaciones contenían pequeños cambios en su narrativa que, aparentemente, fueron diseñados para atraer a diferentes audiencias. Un artículo del *St. Louis Post-Dispatch* (22 de octubre de 1899), por ejemplo, hizo que la forajida adoptara un tono más feminista y jocoso; en él se decía: «De verdad. No entiendo por qué los hombres llevan revólveres, porque, casi invariablemente, los dejan en el momento en que deben usarse». Una actitud similar también había aparecido en un artículo del *San Francisco Examiner* varios días antes (13 de octubre), en el que Hart había «declarado que nunca se sometería a ser juzgada bajo una ley en la que ni ella ni nadie de su sexo había tenido voz».

Este tipo de declaraciones ayudaron a Pearl a desarrollar una imagen pública multifacética: por un lado, ella era la pistolera independiente y brusca que despreciaba las ideas anticuadas de la superioridad masculina; por el otro, cuando se trataba de los pormenores que rodeaban el robo, Hart se volvía mucho más reticente, identificando a Joe Boot como el principal organizador del asalto y el hombre que le había dicho qué hacer en cada paso del camino. Es decir, siempre que sirvió para su beneficio, Hart se aseguró de destacar como una mujer única y carismática digna de recibir la atención de la prensa, pero también se esforzó por subrayar una imagen pública más tradicional, comprensiva, femenina y sumisa al explicar su participación en el crimen real.

A medida que se acercaba el juicio, Pearl Hart terminó dependiendo más de esta última personalidad. Esto se debió principalmente al hecho de que llegó a cometer un segundo delito: había escapado de la cárcel y, al haber sido atrapada por segunda vez, se encontró con la necesidad de convertir la situación negativa o desventajosa en una más positiva. Si bien esto puede parecer un contratiempo menor en la superficie, el *Evening Times-Republican* (18 de noviembre de 1899) detalló que el principal problema de su escape fue que había dejado una nota en la que confesaba el delito de robo. Una confesión de este tipo significaba que Pearl no podía argumentar seriamente su inocencia durante el juicio y que, con toda probabilidad, sería declarada culpable de los cargos presentados.

Para cambiar las tornas, Pearl Hart hizo una sincera súplica al tribunal citando el contenido de la nota, que explicaba que su decisión de llevar a cabo el atraco no había sido impulsada por la codicia o la violencia, sino más bien pro-

Izq., Pearl Hart con «atuendo ordinario de mujer» en *The Cosmopolitan*, octubre de 1899. Dcha: foto de prontuario en la Prisión Territorial de Yuma (1899) [*Arizona. Prehistoric, Aboriginal, Pioneer, Modern*, James H. McClintock, 1919].

Pearl Hart lee su declaración en su celda, acariciando el cachorro de gato montés que le regaló un lugareño de Tucson [*The Cosmopolitan*, 10/1899].

vocada por el deseo de ver a su madre enferma. Hart usó su escrito, en combinación con los relatos que había proporcionado a los periódicos en las semanas previas al juicio, como prueba de que estaba diciendo la verdad tanto sobre su familia como sobre su compromiso de ejecutar un robo sin derramamiento de sangre. El efecto emocional de su discurso debió de ser poderoso, ya que poco después hizo que el jurado le concediera la absolución. De no haber sido por un segundo cargo de manipulación del correo de los Estados Unidos, Pearl Hart hubiera salido libre, pero se puede decir que, por la simpatía que cultivó gracias a su testimonio, el tiempo de prisión de Hart se redujo al mínimo.

Liberada en 1902, Pearl Hart reapareció una vez más en periódicos como el *Tucson Citizen* (15 de diciembre), el *Arizona Sentinel* (17 de diciembre) y el *St. Louis Post-Dispatch* (18 de diciembre), principalmente porque había noticias de que —al igual que Bob Ford y Henry Starr— iba a protagonizar una producción dramática sobre su época como la «reina de los bandidos» de Arizona. Sin embargo, más allá de esta pequeña nota al pie, Pearl Hart se desvanece casi por completo en el trasfondo de la historia de los Estados Unidos, lo cual es un final curioso para su carrera, ya que pocos de los bandidos estadounidenses que decidieron ocupar el centro de atención nacional escaparon sin hacer diana y pasar a la posteridad.

Ya cometieran un crimen o cien, las interacciones que los forajidos tenían con el público estadounidense y la atención que obtuvieron de sus testimonios, a menudo, influyeron en los resultados exitosos (o fallidos) de sus carreras criminales. La mayoría, en algún momento, terminó pagando su notoriedad de una forma u otra. Henry Starr, cuyo número récord de robos a bancos le valió la fama, logró tanto la libertad condicional como una carrera cinematográfica, en parte, gracias a sus afirmaciones públicas de inocencia y remordimiento. Lamentablemente, la audiencia que generó Starr no fue suficiente para enderezarlo y el hombre, finalmente pagó por sus delitos con su vida. Los hermanos Ford, como muchos de sus contemporáneos, trabajaron para ser

admirados por sus actos, pero solo terminaron ganando desprecio, hostilidad y la muerte como recompensa. Más que nadie, el famoso Jesse James usó su celebridad para cultivar un sentido de admiración e inocencia con el que prolongar su libertad, pero acabó asesinado a tiros por su propia pandilla cuando su vida se convirtió en moneda de cambio.

De todos los forajidos cuyas hazañas llenan los artículos amontonados en mi escritorio, Pearl Hart tuvo la trayectoria criminal más baja, pero su interacción continua con la prensa la ayudó a evitar una muerte sangrienta, las heridas de bala y los conspiradores mortales que muchos de sus compañeros forajidos ganaron. Mientras que los demás utilizaron la publicidad para buscar oportunidades en oro y plata,

Front Street, Winslow (Navajo County, Arizona), 1900-1912
[Cortesía del Old Trails Museum, Winslow Historical Society].

ella se ganó el favor del público para buscar la libertad y el anonimato. Sabiendo esto, me pregunto si Pearl Hart, a pesar de no cosechar las fortunas que los forajidos más famosos tomaron de innumerables bancos, trenes y diligencias, fue la más exitosa de sus pares.

Me pregunto cómo se debe medir el éxito, y si ha de ser por lingotes de oro, tiroteos o noches pasadas en escondites. ¿Se mide por la fortuna y las historias de aventuras? ¿O se mide, no por monedas o balas de pistola, sino por la capacidad para sobrevivir más allá de los días de infamia?

Mirando los destinos de Pearl Hart, Jesse James, Bob Ford y Henry Starr, creo que tengo mi respuesta.

El jefe Coraza de Hierro, indio brulé en la reserva Rosebud de Dakota del Sur, ca. 1900 [John A. Anderson, Nebraska State Historical Society].

IV
LEYENDAS Y LOS LAKOTA (I)

Hay muchas historias que se pueden contar sobre los lakota, una de las muchas tribus de indios americanos. Está formada por una colección de bandas pequeñas como los brulé, los oglala y los hunkpapa y forman parte de un grupo mucho más grande que recorrió los estados de Montana, Wyoming y Dakota del Norte y del Sur. Es sabido que el nombre de la tribu se puede interpretar como «los amigos» o «los aliados», pero que en los Estados Unidos eran referidos como «los sioux», nombre inventado por una tribu rival que significaba «las serpientes». La historia oral lakota relata los primeros encuentros de la sociedad guerrera con los caballos a principios del siglo XVIII y cómo estos animales se habían extendido por América del Norte como resultado de las exploraciones españolas varios siglos antes. Es conocido cómo de todos los miembros de la tribu se esperaba que dominaran el arte de montar a caballo y que el animal era tan importante que poseer caballos constituía un signo de riqueza. Pero, por reveladora que pueda ser esta información, las historias más significativas acerca de la «nación sioux» tienen que ver con la relación entre la tribu, las tierras del río Powder y la cordillera de las Colinas Negras.

El territorio se encuentra casi en el centro de los Estados Unidos y se extiende desde las Grandes Llanuras de Dakota del Sur hasta bien adentro del estado de Wyoming, con las Colinas Negras en su mitad este. En el noreste de la región se encuentra la montaña sagrada llamada Mato Paha (o, traducido al castellano, la «montaña del Oso») y al sur se ubica la red de cuevas Maka Oniye (cuyo nombre significa «la tierra que respira»). El nombre alude a los vientos barométricos que hacen que el laberinto de pasadizos subterráneos parezca respirar, y, en el folclore lakota, el origen de la tribu está ligado a este lugar.

En una leyenda popularizada por el historiador tribal lakota Wilmer Mesteth, los pasajes de las Colinas Negras conducían al reino de los espíritus, muy por debajo de la tierra, donde los lakota esperaban el día en que la Tierra estaría lista para los seres humanos. La mayoría de los lakota cumplían con su deber pacientemente, pero los seres traviesos Anog-Ite e Iktomi engañaron a algunos miembros de la tribu para que abandonaran su santuario con la promesa de ropa y alimentos finos. Si bien la Tierra parecía gloriosa al principio a estos humanos, el mundo estaba inacabado y los lakota no sabían cómo cazar ni cómo hacer las telas que

River Scene. Watering Horses [Alfred Jacob Miller, 1858-1860].

una vez les habían mostrado. La pequeña tribu de personas luchó por un tiempo en la naturaleza, pero, a medida que se acercaba el invierno, se dieron cuenta de que estaban perdidos y progresivamente más hambrientos y fríos. Fue en este momento cuando el creador se topó con el miserable grupo y, habiendo comprendido por qué abandonaron el reino de los espíritus, decidió transformar a estos primeros humanos en bisontes como castigo por salir antes de su tiempo. Cuando la Tierra estuvo finalmente preparada, el creador condujo a aquellos que habían esperado su destino, a través de los pasajes de Maka Oniye, a la superficie y fueron esos lakota quienes encontraron las Colinas Negras, el río Powder y las manadas de animales que a partir de entonces se convertirían en la fuente de su comida, sus herramientas, su ropa y su refugio.

Leyendas como esta ayudan a revelar la importancia cultural que los lakota les dieron a las tierras de Dakota del Sur y Wyoming, pero la región era más que una fuente de historias populares para la tribu. A partir del siglo XVIII, fue su hogar principal y territorio de caza tribal, y también la tierra por la que compitieron con otras tribus indias americanas antes del salvaje Oeste. Después de que Estados Unidos hiciera la compra de Luisiana en 1803 (un acuerdo con Francia para adquirir las regiones que se extendían entre el río Misisipi y las Montañas Rocosas), los territorios de Wyoming y Dakota del Sur quedaron sujetos a la autoridad del Gobierno americano; desde ese momento, los lakota se encontraron en una lucha feroz para aislar la región del avance de la inmigración estadounidense, que solo empeoró una vez que el Ejército de los Estados Unidos descubrió la oportunidad que se escondía debajo de la tierra. La historia del río Powder y las Colinas Negras relata cómo la nación sioux, en su resolución de controlar su tierra natal, experimentó algunas de las mayores victorias indígenas en la historia del salvaje Oeste, y también sus mayores tragedias. Es una historia que se presenta en dos partes y en la que las oportunidades, tanto las ganadas como las perdidas, determinaron el futuro de la tribu.

Halcón Volador, indio americano. Ca. 1900
[Gertrude Käsebier, Library of Congress].

HALCÓN VOLADOR Y LOS INVASORES, 1852 A 1865

Es difícil saber exactamente cuánta experiencia habría tenido el guerrero lakota, Halcón Volador, con el «hombre blanco» o el ejército estadounidense en los primeros años de su vida. Nacido en 1852 y miembro de la banda oglala, es posible que haya oído hablar del Tratado del Fuerte Laramie en su juventud, un documento que se firmó el 17 de septiembre de 1851 entre el Gobierno estadounidense y representantes de varias tribus. Este acuerdo estableció que la región que existía entre los estados modernos de Montana, Wyoming, Nebraska y Dakota del Norte y del Sur pertenecía a las diversas tribus de indios americanos que residían allí, entre ellas los lakota, cheyenne y crow. A cambio de este reconocimiento de propiedad, así como de la garantía del Gobierno de protección contra intrusiones, se esperaba que esas tribus aseguraran a los pioneros en la ruta del Oeste un paso seguro mientras atravesaban la carretera principal conocida como la Senda de Oregón. En el año del nacimiento de Halcón Volador, 1852, miles viajaron por el territorio debido al descubrimiento de oro en California y una porción de estos mineros y pioneros se encontró con las poblaciones indígenas en su tránsito por el continente. En algunos casos, el contacto entre pioneros, soldados estadounidenses y las distintas bandas de sioux derivó en conflictos históricos.

En el caso de la banda de Halcón Volador, en 1854, los oglala y los brulé fueron testigos de una disputa que ocurrió cuando una vaca se desvió del rebaño de un colono blanco en la Senda del Oregón y fue matada por un guerrero indio. Según Joven Temeroso de sus Caballos, que incluyó su testimonio en una carta fechada el 13 de febrero de 1855 (Archivos Nacionales), la vaca desaparecida no pasó desapercibida; al recibir protestas del colono, en lugar de remitir el asunto a la autoridad intermediaria adecuada como dictaba el tratado de 1851, el oficial superior del fuerte

Laramie llevó la denuncia al jefe lakota Oso Conquistador con el fin de reembolsar al demandante la cantidad de veinticinco dólares. Esto supuso un problema, ya que la mayoría de los lakota, incluida la parte infractora, no comerciaban con dinero, por lo que se hicieron ofertas para sustituir la vaca matada por una del rebaño tribal o por un caballo. Sin embargo, a pesar de lo razonable que esta alternativa podría haber parecido a la tribu, el trato fue rechazado y, como el guerrero no podía pagar, el oficial militar superior ordenó que el hombre fuera entregado para arrestarlo.

La situación empeoró cuando Oso Conquistador se negó a actuar. El 14 de agosto de 1854, el segundo teniente John Lawrence Grattan marchó al campamento indio con una división de soldados y órdenes de arrestar al hombre que había matado a la vaca. Cuando las negociaciones fracasaron y la tensión entre los soldados armados y los lakota llegó al punto de ebullición, estalló una revuelta que acabó con la vida de Oso

Pequeña Herida y jefes, sioux ogala, 1851. Oso Conquistador, sentado a la dcha. [National Museum of the American Indian, Smithsonian Institution (P27522)].

Conquistador, John Lawrence Grattan y todos los soldados que habían acompañado al segundo teniente al campamento.

En las represalias que siguieron a la conflagración, la banda brulé de los lakota fue la que sufrió más, pues perdió ochenta y seis hombres, mujeres y niños a manos del ejército de los Estados Unidos en la batalla de Ash Hollow, el 2 y 3 de septiembre de 1855. Como oglala, Halcón Volador se habría enterado de este evento por los miembros de la tribu que lo habían presenciado y los registros históricos de la tribu. Aun así, pese a ser consciente del peligro que representaban los soldados estadounidenses para los lakota, su experiencia con la civilización ubicada al este habría sido limitada en los primeros años de su vida, ya que se dio un periodo de relativa paz entre la tribu y los Estados Unidos. Más bien, lo que la historia de los lakota indica es que la principal causa de conflicto en los años que siguieron al tratado de 1851 no eran los estadounidenses, sino los rivales directos de la nación sioux: los crow.

Las historias pictóricas y orales conocidas como *winter counts* o «cuentas de invierno» (líneas de tiempo que fueron transmitidas de persona a persona por varios miembros de la tribu india) sirven como una forma de marcar los eventos más reseñables de los lakota año tras año. Estas cronologías fueron posteriormente transcritas por hombres como el misionero episcopal Aaron Beede y, aunque la información, a menudo, carece de detalles, las historias brindan datos reveladores sobre aspectos de interés como la disputa duradera que existió entre los lakota y la tribu crow. El guerrero Perro Alto de la banda hunkpapa, por ejemplo, deja claro que, entre 1798 y 1849, los lakota tuvieron al menos diecisiete intercambios importantes con la tribu rival. Durante estos años, los sioux empezaron guerras contra los crow, robaron sus caballos, sufrieron ataques y mataron a sus guerreros y jefes. De 1854 a 1863, lo que sería la infancia de Halcón Volador, el relato de Perro Alto demuestra cómo el Tratado del Fuerte Laramie hizo poco para detener la guerra entre tribus. Se enumeran los siguientes hechos:

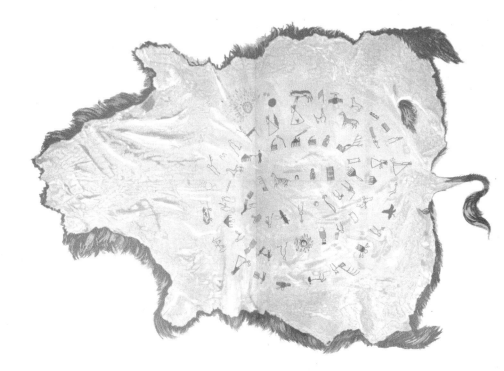

Cuenta de invierno de Perro Solitario, lakota yanktonai [*Pictographs of the North Americans Indians*, Garrick Mallery, 1886].

1854. Corazón de Oso fue asesinado por un indio crow.

1856. Oso Bueno arrancó un gorro de guerra de la cabeza de un crow en una pelea.

1857. Regresaron de una batalla con los crow, habiendo matado a muchos.

1859. Cinco hermanos llamados «Simko-hanska» fueron asesinados por los crow.

1861. «Rastrearon a los crow que habían robado unos caballos a los sioux y, en una pelea, murió un líder sioux llamado Huellas de Comadreja».

1863. Mientras luchaban contra los crow, encontraron a un niño crow en una trampa para coyotes y lo mataron... Mataron a 15 indios crow.

Además de contener información parecida, la cuenta de invierno del guerrero oglala John Sin Orejas presenta 1857 como un año en que diez miembros de la tribu crow fueron asesinados y en 1862 documenta la muerte de cuatro más. Los registros de Escudo de Nube revelan que, en 1861, el jefe oglala Nube Roja mató al guerrero crow Conejo Joven; mientras que Caballo Americano señala 1862 como el año en que los crow despojaron vivo a un oglala. Lo que sugieren estas historias es que los encuentros notables con el «hombre blanco», aunque a menudo de gran relevancia, fueron poco frecuentes y no siempre negativos. Los conflictos con los «cuervo», por otro lado, fueron constantes.

Para Halcón Volador, el hecho de que los crow eran uno de los mayores peligros para la nación sioux durante la década de 1850 es claro, ya que, en sus memorias, tituladas *Chief Flying Hawk's Tales* (1936), él explica cómo su padre, el jefe Zorro Negro, sufrió un disparó de los crow debajo del ojo derecho con una flecha y, aunque la herida no fue fatal, el corte fue tan profundo que tuvo que empujar la flecha hasta la oreja para poder quitarla. Halcón Volador menciona otros enfrentamientos que la tribu tuvo con los crow, pero, en la década de 1860, el «hombre blanco» volvió a entrar en su vida. Según sus palabras, cuando Halcón Volador tenía alrededor de diez años, participó en su primera batalla: una pelea entre los oglala y una caravana escoltada por soldados en el río Tongue. Fue una pelea breve en una época en que los mayores adversarios de los lakota eran aquellas tribus que deseaban dominar las tierras que rodean la región de las Colinas Negras, pero, a medida que la población de los Estados Unidos emigró hacia el oeste, lo que al principio fueron encuentros esporádicos con el «hombre blanco» pronto se convirtió en una amenaza inquietante.

Anunciaron el descubrimiento de oro en Montana en 1852; luego, en el territorio de Colorado, Kansas y Nebraska en 1858; y luego, una vez más, en varios puntos de Montana en 1863 y 1864. La búsqueda de fortuna y oportunidades impulsó a toda clase de hombres a las nuevas ciudades de

Denver, Bannack, Helena y Virginia City, lo que significó que hubo más tráfico (tanto civil como militar) en la ruta principal hacia los territorios occidentales de los Estados Unidos. Para los lakota, en 1864, estas migraciones rayaban en lo intolerable, ya que hombres como John Bozeman, John Jacobs y Jim Bridger habían forjado caminos nuevos y más cortos hacia los campos de oro de Montana a través de la región de río Powder y este era un territorio que el Gobierno de los Estados Unidos había reconocido oficialmente como tierra india en sus tratos. Muchos miembros de la nación sioux, como las figuras históricas de Caballo Loco, Toro Sentado y Nube Roja, veían a los hombres blancos como intrusos hostiles que invadían ilegalmente su tierra, destruían los bosques y robaban la caza del pueblo indígena. Para algunos, existía la cuestión de si la tribu todavía estaba legalmente obligada a dar paso seguro a las caravanas, ya que el Gobierno de los Estados Unidos hizo pocos esfuerzos para detener los diversos actos de intrusión.

En 1865, estas reacciones adversas hacia los invasores blancos se transformaron en una acción resolutiva cuando la tribu cheyenne y las noticias del sur llegaron a las Colinas Negras.

Wagons on the Trail. Estampa de una de múltiples migraciones del siglo xix hacia el oeste [National Park Service]

GEORGE BENT Y LAS
INCURSIONES, 1864 A 1866

De la misma manera que las caravanas de carretas invasoras atravesaron el territorio lakota en 1864, también los mineros y especuladores del este se abrieron camino hacia las tierras de los cheyenne después del descubrimiento de oro en Colorado seis años antes. En este periodo, el guerrero cheyenne George Bent fue testigo del deterioro de las relaciones entre las tribus indígenas de Colorado y los estadounidenses y de las decisiones que los cheyenne habían tomado para repeler las oleadas de migrantes. En el libro *Life of George Bent*, un texto elaborado en 1968 por George Hyde y compuesto por las cartas autobiográficas del indio americano, George Bent comenta las frecuentes incursiones que los cheyenne habían realizado a lo largo del camino Great Platte River y afirma:

> No pretendo proporcionar relatos detallados de las incursiones que se hicieron durante julio y agosto. Eran cosas terribles, pero, después de todo, los indios eran gente salvaje en esos días; habían sido atacados una y otra vez por las tropas sin motivo alguno y estaban tomando represalias de la única manera que sabían. Las grandes incursiones se producían principalmente en el camino Platte. (...) Esta era la gran ruta de emigrantes y transporte de carretas y a menudo se podían ver las caravanas de carretas que se extendían sin interrupciones durante millas a lo largo del valle, los enormes vagones de carga con sus capotas de lona blanca, que parecían desde lejos flotas de barcos en el mar. Las partidas de guerra de cheyenne y sioux irrumpieron en el gran valle, atacando y quemando los ranchos y las estaciones, persiguiendo a los carruajes, agotando el ganado y obligando a los cargueros a acorralar sus trenes y luchar.

George Bent (hijo de la cheyenne Mujer Búho y de William Bent) y su primera esposa, Mujer Urraca (hija del jefe cheyenne Tetera Negra), 1867 [History Colorado, PD].

En su testimonio, George Bent explica cómo, el 15 de agosto de 1864, las partidas de guerra de cheyenne bloquearon completamente la ruta Platte y lograron controlarla durante seis semanas, hasta octubre. Durante este tiempo, el tráfico se suspendió por completo, el correo tuvo que ser desviado por mar y los precios de los suministros básicos en Denver, Colorado, casi se triplicaron. En medio de estos ataques, algunos grupos de cheyenne y arapajó desearon identificarse como pacíficos, en un intento de evitar cualquier represalia que pudiera provenir del ejército de los Estados Unidos. El jefe Caldera Negra encabezó esta campaña e intentó negociar con los oficiales superiores del fuerte Lyon para obtener refugio. Si bien el mayor Scott Anthony, del Primer Regimiento de Colorado, accedió a hablar con Caldera Negra y el grupo de no hostiles, no se ofreció protección oficial, ya que, según el mayor Anthony, este no tenía autoridad para tratar con los cheyenne. Sin embargo, aseguró que los indios pacíficos podrían asentarse en el arroyo cercano, Sand Creek, hasta nuevo aviso, un comentario que llevó al líder tribal a comprender que las tropas federales no representarían una amenaza para los cheyenne si mantenían la paz. Desafortunadamente para la tribu de Caldera Negra, la invitación del mayor Anthony fue en realidad todo menos amistosa.

En la tarde del 28 de noviembre, aproximadamente seiscientos setenta y cinco soldados voluntarios de los Estados Unidos, una parte de los cuales procedían del fuerte Lyon, marcharon bajo el mando del coronel John Chivington a Sand Creek. Al amanecer del 29, Chivington lanzó un ataque contra el campamento de pacíficos cheyenne y arapajó de Caldera Negra, en una incursión que no diferenció entre combatientes y no combatientes ni discriminó entre hombres, mujeres y niños. George Bent estuvo presente en el momento en que los soldados enteraron al campamento y ofreció la siguiente descripción de los hechos ocurridos:

Miré hacia la carpa del jefe y vi que Caldera Negra tenía una gran bandera estadounidense atada al extremo de un palo largo y estaba parado frente a su carpa, sosteniendo el palo, con la bandera ondeando en la luz gris del amanecer invernal. Lo oí llamar a la gente alrededor para que no tuviera miedo, que los soldados no les hicieran daño; luego, las tropas abrieron fuego desde dos lados de los campamentos.

... Los hombres mayores y las mujeres habían cavado hoyos o pozos debajo de las orillas, en los cuales ahora se escondía la gente. Justo cuando nuestro grupo llegaba a este punto, una bala me dio en la cadera y me derribó, pero me las arreglé para caer en uno de los agujeros y yacer allí entre los guerreros, las mujeres y los niños. Aquí, las tropas nos mantuvieron sitiados hasta que llegó la oscuridad. Nos tenían rodeados y nos disparaban desde ambas orillas y desde el lecho del arroyo por encima y por debajo de nosotros, pero estábamos bastante bien protegidos en nuestros agujeros y, aunque el fuego era muy fuerte, pocos de nosotros salimos heridos.

... Finalmente se retiraron, alrededor de las cinco en punto, y volvieron a pasar la noche en el campamento indio. Mientras se retiraban río abajo, mataron a todos los heridos que pudieron encontrar y arrancaron el cuero cabelludo y mutilaron los cadáveres que yacían esparcidos a lo largo de las dos millas de lecho seco del arroyo. Ni siquiera este trabajo de carniceros los satisfacía y, cuando llegaron al campamento indio, le dispararon a Jack Smith y quisieron disparar a mi hermano menor, Charlie. Estos dos jóvenes habían permanecido en el campamento cuando los indios huyeron y luego se habían rendido a unos soldados que conocían.

George Bent recordó la noche como la peor por la que había pasado. Muchos habían muerto y más fueron heridos, y aquellos hombres y mujeres que estaban lo suficientemente bien como para trabajar se esforzaron para evitar que los demás murieran congelados esa fría mañana. Cuando hizo suficiente calor, los sobrevivientes de lo que luego se llamó la masacre de Sand Creek comenzaron la larga marcha para llegar a la tribu cheyenne del norte, un viaje que los llevaría más de quinientos kilómetros al norte, hacia las Colinas Negras.

Fue más tarde, en el año 1865, cuando los cheyenne del norte y los lakota se enteraron de los acontecimientos en Sand Creek, pero, una vez que las tribus supieron del ataque, el alboroto fue unánime. La masacre se parecía a otros actos de venganza cometidos por el ejército de los Estados Unidos en los últimos tiempos y, para los lakota, el suceso representaba el eco, la réplica, de lo que les había sucedido a los brulé casi diez años antes en la batalla de Ash Hollow, ya que aquella también había sido una incursión militar dirigida contra hombres, mujeres y niños. Energizados por la cruel tragedia, un grupo de cheyenne y lakota (incluidos George Bent y los oglala) procedió a lanzar ataques de guerrilla contra el ejército de estadounidense a lo largo del río North Platte y sus alrededores, en la primavera y el verano de 1865, asaltando múltiples puestos de avanzada y estaciones de diligencias. Las tribus combinadas hostigaron a las fuerzas del coronel Thomas Moonlight y luego a las del general Patrick Edward Connor, logrando obligar al ejército a gastar semanas e innumerables recursos en lo que solo podía equivaler a una persecución inútil a través del territorio indio. Es en el apogeo de este periodo cuando las tribus de las Grandes Llanuras se enfrentan a los militares en Platte Bridge y en Red Buttes y matan a veintinueve soldados, incluido el oficial segundo teniente Caspar Collins, antes de dispersarse por la región de río Powder.

Las incursiones combinadas de lakota y cheyenne tuvieron éxito ya que el ejército de los Estados Unidos experimentó múltiples pérdidas y no pudo tomar represalias. No obstante, a pesar de la costosa y continua embestida del verano de 1865, los militares no se desanimaron en su propósito de mantener una presencia importante en territorio indio. Entre agosto de 1865 y el verano de 1866, el Gobierno estadounidense comenzó la construcción de varios fuertes nuevos a lo largo de la ruta que iba desde la Senda de Oregón hasta Montana. Fue un acto pensado para reforzar la presencia militar en territorio indio, algo permitido por el Tratado del Fuerte Laramie de 1851, pero la creación de los fuertes provocó controversia entre las tribus, ya que proporcionaba protección y recursos para las caravanas destinadas al país del oro. Para miembros como el líder de los oglala Nube Roja, esta decisión solo parecía animar a pioneros, buscadores de oro y otros hombres blancos a invadir tierras indias. Para el Gobierno estadounidense, sin embargo, era una decisión que impulsaría una industria que, circunstancialmente, ayudaría a financiar la reconstrucción de los Estados Unidos después de la guerra de Secesión.

Izqda.: cartel de reclutamiento de voluntarios de caballería «para un servicio inmediato [de cien días] contra los hostiles indios». Serán estos voluntarios quienes protagonicen la masacre de Sand Creek [*The Weekly Register-Call*, 13 de agosto de 1864]. Dcha.: centavo de «cabeza de indio» estadounidense, 1860 [National Numismatic Collection, National Museum of American History].

Al mismo tiempo que se daban los pasos para organizar expediciones al río Powder, el Gobierno empezó a enviar negociadores a los indios que vivían en la región del río Powder, en un esfuerzo por alcanzar un nuevo tratado por el cual las tribus se retirarían de los terrenos de las rutas terrestres. En estos meses se produjo un cese en las incursiones indígenas, ya que las tribus cheyenne y lakota habían establecido sus campamentos para el invierno, pero el aumento de la actividad militar y los intentos de sacar a los indios americanos del territorio del río Powder fueron demasiado para muchas de las bandas de la nación sioux y empujaron a Nube Roja, el verano próximo, a iniciar una guerra duradera que expulsaría al ejército de los Estados Unidos de las tierras indias de una vez por todas.

«Delegación de las Llanuras del Sur en el Conservatorio de la Casa Blanca, 27/03/1863». Año y medio después, al menos los cuatro hombres de la primera fila estaban muertos: Oso Magro, confundido con *un hostil* en Colorado; Gorro de Guerra y Parado en el Agua, en la masacre de Sand Creek; Lobo Amarillo murió de neumonía al cabo de unos días [M. B. Brady, Library of Congress].

Nube Roja, ca. 1880 [John K. Hillers, Charles M. Bell;
Beinecke Rare Book and Manuscript Library].

DE NUBE ROJA Y GIGANTES, 1866 A 1868

Nube Roja había dirigido a los oglala contra el teniente John Grattan en 1854. Durante las incursiones de 1865, Nube Roja había liderado a los oglala contra el ejército de EE. UU. El 13 de junio de 1866, cuando el coronel Henry Carrington llegó al fuerte Laramie con regimientos, suministros y planes para construir los futuros fuertes de C. F. Smith y Phil Kearny, fue Red Cloud quien abandonó las negociaciones de paz con los representantes de los Estados Unidos y tomó la decisión de dirigir a los oglala en una ofensiva que continuaría durante los siguientes dos años. Según la esposa del coronel, Frances Carrington, en su autobiografía *My Army Life* (1910), antes de que el jefe oglala abandonara las negociaciones, Nube Roja expresó su disgusto por las maniobras del ejército, afirmando: «El Gran Padre nos envía regalos y quiere que le vendamos la ruta, pero el Jefe Blanco va con soldados a robar la ruta antes de que los indios digan sí o no». El razonamiento era claro: el Gobierno estaba preparado para tomar el control de los terrenos a lo largo de los ríos Powder y Bighorn, independientemente de cualquier desacuerdo indio o de los deseos colectivos de las tribus que lo habitaban.

El 17 de julio, un mes después de las conversaciones fallidas en Fort Laramie y casi cuatrocientos kilómetros al norte, en el sitio de la construcción de Fort Phil Kearny, el capitán de Infantería estadounidense Ten Eyck anotó en su diario cómo un grupo de guerra lakota había provocado una estampida que espantó los ciento setenta y cuatro animales de carga que el ejército estadounidense había conducido por el sendero y que dejó a dos de los soldados sin vida y a tres gravemente heridos. Tres días después, el 20 de julio, Eyck registró que los asaltantes indios se habían llevado siete mulas más. Luego, el 22 de julio, los guerreros lakota atacaron una caravana civil, matando a un hombre e hiriendo a otro. Un segundo tren fue atacado solo una semana después, el 29 de julio, y luego un tercer y un cuarto tren el 6 de agosto, con un saldo de víctimas —esa semana— de veinticinco muertos y siete heridos. Y, a medida que pasaban los días, el diario del capitán Ten Eyck se llenó de más relatos de violencia tribal, incluido el siguiente conjunto de entradas:

—7 de agosto. Los indios realizaron su primer ataque concertado contra el tren de madera en la carretera de la isla Piney, matando a un camionero.
—12 de agosto. Los indios asaltaron un tren civil cerca del río Powder y se llevaron una gran cantidad de ganado y caballos.
—13 de agosto. Los indios atacan de nuevo el tren de vagones de madera de la isla Piney; no hubo muertes.

Capitán Tenodor «Ten» Eyck (1819-1905), del 18.º Regimiento de Infantería.

—14 de agosto. Los indios mataron a dos civiles a menos de una milla de la estación de Reno.

—17 de agosto. Un grupo de asalto indio entró en el corral de la estación de Reno y robó diecisiete mulas y siete de los veintidós caballos de la guarnición.

—8 de septiembre. Al amparo de la lluvia torrencial, los indios provocaron una estampida de veinte caballos y mulas que pertenecían a un contratista civil que estaba entregando barriles de jamón, beicon, galletas, jabón, harina, azúcar y café en Fort Phil Kearny.

—10 de septiembre. Regresaron los indios y se llevaron otras cuarenta y dos mulas pertenecientes al mismo contratista. Mientras los asaltantes dirigían una patrulla del ejército en una persecución inútil, otra banda aprovechó las defensas debilitadas del puesto para caer sobre la manada del batallón, a una milla de la empalizada, y se llevó treinta y tres caballos y setenta y ocho mulas más.

—12 de septiembre. Un grupo de guerra indio tendió una emboscada a un destacamento de segadoras de heno, matando a tres e hiriendo a seis.

—13 de septiembre. Un grupo de asalto combinado de lakota y arapajó, varios cientos de valientes en total, provocó una estampida de búfalo contra el rebaño de ganado que pastaba cerca del arroyo Peno. Dos piquetes resultaron heridos; doscientas nueve cabezas de ganado se perdieron en la carrera de búfalos.

—14 de septiembre. Los indios mataron a dos soldados, uno mientras intentaba desertar y el otro después de viajar demasiado por delante del tren de heno. Los lobos se llevaron ambos cuerpos. Se destruyeron dos segadoras de heno y se quemó una gran cantidad de pacas de heno.

—22 de septiembre. Los cuerpos desollados, despojados y mutilados de tres cargueros civiles que regresaban de Montana fueron descubiertos a once millas del puesto.

«Fueron atados a las ruedas y quemados vivos» (C. D. Graves).
Detalle [*Deeds of valor*; Beyer, W. F. y Keydel, O. F.; 1901].

Durante todo el verano, el ejercito sufrió incursiones rápidas de guerrillas destinadas a golpear y huir y, como estos ataques continuaron en octubre y noviembre, el coronel Carrington se encontró con la realidad de que no solo tenía que construir una serie de fuertes a lo largo del río Powder, sino que también había de proteger la principal ruta de viaje y luchar contra las tribus hostiles. Para colmo, Carrington tenía pocos hombres para defenderse de los ataques que aterrorizaban a los diversos vagones y los soldados disponibles solo estaban equipados con rifles anticuados de avancarga, cuyo tiempo de recarga era insuficiente ante los arcos y flechas del enemigo. Algunos de los temores de Carrington se disiparon momentáneamente cuando se reforzó el número de soldados en el fuerte con la creación de una compañía de caballería acompañada por el capitán de Infantería William Fetterman... y, sin embargo, sería precisamente el capitán Fetterman quien provocaría una de las mayores derrotas que jamás haya sufrido el ejército de los Estados Unidos en su guerra contra las tribus nativas americanas.

A mediados de diciembre, el coronel Carrington se había cansado de perseguir a las partidas de guerra que perseguían el tráfico que entraba y salía del fuerte Kearny. En parte, la inquietud de Carrington se debió a los ataques continuos que amenazaban el avance de los militares desde julio, pero también a que, más recientemente, el 6 de diciembre, la persecución de un pequeño grupo de nativos había desembocado en una emboscada cuyo magnitud, sin precedentes, había desbaratado una compañía de caballería y le había costado a Carrington un oficial al mando. Por precaución, el coronel, instruyó a los hombres encargados de proteger los vagones de madera para que no siguieran a ninguna banda hostil más allá de la cresta Lodge Trail, debido al hecho de que una emboscada al otro lado de la elevación sería indetectable. En los días que siguieron, algunos de los oficiales de Carrington obedecieron la orden, pero el capitán Fetterman, que no había experimentado los meses de incursiones que habían acosado a las tropas de Carrington, no sintió la necesidad de tanta cautela. Si Fetterman hubiera sabido cómo, en ese momento, una fuerza monumental de guerreros nativos se estaba volviendo a reunir para diseñar estrategias específicamente contra el fuerte y sus soldados, y de las palabras proféticas que un vidente tribal había pronunciado en esa reunión, es posible que sus acciones días después hubieran sido más discretas.

Una entrevista con el indio cheyenne Alce Blanco, publicada en el texto de George Bird Grinnell en 1915 *The Fighting Cheyennes*, revela cómo cientos de su tribu se reunieron con varios cientos más de arapajó y lakota para escuchar la propuesta de guerra del jefe Nube Roja. Los lakota habían convocado la reunión con la esperanza de unir a las tribus de la región de río Powder contra el ejército invasor, pero, después de algunas discusiones, aún no se había llegado a un consenso. Cuando varios de los jefes decidieron disentir abiertamente, un adivino sioux empujó su caballo entre la multitud y comenzó a llamar la atención de los asistentes, alegando que en sus manos tenía soldados, «diez hombres, cinco en cada mano», y preguntando si los reunidos querían sus vidas.

«La masacre del comando del coronel Fetterman» (C. D.
Graves) [*Deeds of valor*, Beyer, W. F. y Keydel, O. F.; 1901].

Ni la interrupción ni el escaso número satisficieron a
la gran multitud de guerreros nativos, que esperaban una
victoria notable contra el ejército de EE. UU., por lo que el
vidente desapareció y luego volvió gritando que tenía diez
hombres en cada mano, en total veinte. Alce Blanco describe
cómo esta segunda oferta también fue rechazada y, una vez
más, el adivino cabalgó solo para regresar, ahora, con las
vidas de cincuenta soldados estadounidenses en sus manos.
Cincuenta todavía no era suficiente para las tribus, de modo
que, en su cuarta vuelta, el vidente se bajó de su caballo y
golpeó sus manos contra el suelo gritando: «Respondedme
rápido... tengo cien o más»; y fue esta acción la que hizo que
los guerreros presentes —los cheyenne, arapajó y sioux—
celebraran. A mediados o finales de diciembre, las tribus
de las Grandes Llanuras se unieron contra el ejército de
los Estados Unidos y, aunque es importante señalar que no
todos los relatos presenciales sobre el periodo hacen refe-

rencia a esta premonición mística de victoria, el nombre que los lakota hoy en día usan para la batalla que siguió es el de *battle of the Hundred-in-the-Hands*, que se traduce al castellano como la «batalla de los Cien en las Manos».

El 21 de diciembre, solo un pequeño grupo de lakota apareció en la ladera a la vista del fuerte, y, aunque lo que Fetterman encontró inicialmente no era una amenaza para su destacamento de ochenta y un soldados, el capitán de Infantería decidió que, en lugar de detener a sus tropas, perseguiría a los indios hasta donde lo considerara necesario. Entre los hostiles estaban los oglala y, bajo el liderazgo del guerrero Caballo Loco, los jinetes se enfrentaron a los soldados a distancia, burlándose de ellos y guiándolos lentamente a la cresta Lodge Trail. Cuando los guerreros superaron la elevación, el capitán Fetterman optó por continuar la persecución, una decisión que sugiere la confianza del hombre en la superioridad de su mando militar. No está claro si Halcón Volador, el primo de catorce años de Caballo Loco, estaba entre los que se encontraban al otro lado de la cresta Lodge Trail, pero allí, esperando al capitán Fetterman, había una fuerza de más de mil guerreros lakota y cheyenne, incluido uno de dieciséis años llamado Trueno de Fuego. En *Black Elk Speaks* (1932), un libro compilado por John G. Neihardt que consta de entrevistas con el curandero oglala Alce Negro y otros miembros de la tribu, Trueno de Fuego describe la derrota unilateral que los soldados estadounidenses sufrieron cuando el capitán Fetterman siguió a los guerreros señuelo más allá de la cresta. En su entrevista, Trueno de Fuego dibuja la emboscada coordinada brindando el siguiente relato:

Era un buen lugar para luchar, así que enviamos a algunos hombres por delante para convencer a los soldados de que salieran. Mientras no estaban, nos dividimos en dos partes y nos escondimos en los barrancos a ambos lados de la cresta y esperamos. Después de un largo rato, escuchamos un disparo sobre la colina y supimos que venían los soldados. Entonces, sujetamos las narices de nuestros ponis para que no relincharan a los caballos de los soldados. Pronto vimos regresar a nuestros hombres y algunos de ellos iban caminando junto a sus caballos, para que los soldados pensaran que estaban agotados. Entonces, los hombres que habíamos enviado por delante vinieron corriendo por el camino entre nosotros y los soldados a caballo los siguieron, disparando. Cuando llegaron al pie de la colina, la lucha comenzó de repente. Yo tenía un caballo alazán y, justo cuando iba a subirme a él, los soldados se dieron la vuelta y empezaron a luchar para subir la colina. Tenía un revólver de seis tiros que había cambiado, y también un arco y flechas. Cuando los soldados comenzaron a retroceder, sostuve mi alazán con una mano y empecé a matarlos con los seis disparos, porque se acercaron a mí. Había muchas balas, pero había más flechas, tantas que eran como una nube de saltamontes por encima y alrededor de los soldados; y nuestra gente, disparándose, se golpeaban unos a otros. Los soldados caían todo el tiempo mientras luchaban por la colina y sus caballos se soltaban. Muchos de los nuestros perseguían a los caballos, pero yo no iba tras los caballos, iba tras el hombre blanco. Cuando los soldados llegaron arriba, no quedaban muchos y no tenían dónde esconderse. (...) Yo era joven entonces y rápido con mis pies y fui uno de los primeros en acceder entre los soldados. Se levantaron y lucharon muy duro hasta que ninguno de ellos quedó con vida.

Ninguno de los soldados sobrevivió a la emboscada de Nube Roja. En una «comisión india especial», el 5 de julio de 1867, el capitán Ten Eyck testificó cómo había dirigido la expedición para descubrir qué había sucedido con las tropas desaparecidas. Afirmó que había sido testigo de cómo aproximadamente entre mil quinientos y dos mil nativos partían del área de la emboscada y que Fetterman y sus hombres fueron «desnudados, desollados, disparados con flechas y horriblemente mutilados de otra manera, algunos con sus cráneos aplastados, con sus gargantas cortadas otros, muslos abiertos aparentemente con cuchillos». El estado de los soldados era lamentable y estaba claro que, al marchar de cabeza hacia una trampa, el capitán Fetterman había firmado una sentencia de muerte para sus hombres, lo que se tradujo en la mayor pérdida de vidas que el ejército de los Estados Unidos jamás había experimentado a manos de los indios americanos. Con esta victoria decisiva, las tribus suspendieron las incursiones hasta la primavera y proporcionaron a los soldados restantes en Fort Phil Kearny el primer respiro que habían conocido desde el mes de julio.

En clara desventaja, con soldados y suministros limitados, era poco lo que los oficiales del fuerte Phil Kearny podían hacer para eliminar a los enemigos indios americanos hasta que llegaron refuerzos armados con los nuevos rifles, en julio de 1867. Ese verano, con el mejorado armamento, a los soldados en la región del río Powder les fue algo mejor e incluso experimentaron pequeñas victorias contra los lakota y los cheyenne. Sin embargo, a pesar de estos triunfos, la guerra continua de Red Cloud siguió representando un riesgo para la seguridad de los militares y civiles por igual. Además, la enemistad con los indios americanos supuso un coste considerable en términos de recursos y, al mismo tiempo, las autoridades del Gobierno empezaron una campaña para completar y proteger la red de ferrocarriles que recorría los territorios de los Estados Unidos, un bien que las tribus tenían como objetivo el 7 de agosto de 1867. A la luz de las pérdidas que provocarían nuevos ataques, el Gobierno de EE. UU. tomó una decisión que conduciría tanto al fin de la guerra entre el ejército y los indios como al cese de cualquier oposición a la construcción de los ferrocarriles que habian de atravesar las Grandes Llanuras.

En la primavera de 1868, en lugar de intensificar las hostilidades con los lakota, los comisionados de paz viajaron al fuerte Laramie con el propósito de negociar un tratado con los indios hostiles de la región. Durante los meses que siguieron, los soldados federales se retiraron de los fuertes a lo largo del río Powder (estructuras que luego fueron incendiadas) y, con la corroboración de Nube Roja, el Gobierno estadounidense redactó un nuevo acuerdo en el que Estados Unidos identificó las Colinas Negras como parte de la Gran Reserva Sioux; un territorio que iba a ser reservado para el uso exclusivo de los lakota. Este acuerdo, conocido como el Tratado del Fuerte Laramie de 1868, también reconoce las tierras a lo largo del río Powder como territorio indígena no cedido y estipula que «ninguna persona o personas blancas podrán asentarse u ocupar ninguna parte del mismo; o sin el consentimiento de los indios (...) pasar por el mismo» y que se cerrará el camino que conduce «a los asentamientos en el Territorio de Montana». A partir de ese momento, la

El Gral. William T. Sherman y los comisionados, en consejo con los jefes sioux en Fort Laramie, Wyoming (1868). Con el tratado, tras reconocer las Colinas Negras como parte exclusiva de la Gran Reserva Sioux, el Gobierno ganaba de los indios, entre otras cosas, su aprobación a la implantación del ferrocarril y a la instalación de puestos militares en el entorno [National Archives].

ruta a través del territorio indígena, que se había convertido en la principal fuente de conflicto violento entre las tribus nativas y el Gobierno de los Estados Unidos, estaría prohibida para los mineros, los pioneros y todos los forasteros, lo que significaría una victoria concluyente para Nube Roja y la nación sioux.

En el folclore lakota, hay historias que recuerdan el logro de Nube Roja. De ellas, destaca una sobre el ser maligno «Iya, el come-campamentos», relato que la escritora sioux Zitkala-Sa incluyo en su libro *Old Indian Legends* (1901) y que luego fue reinterpretado por el historiador lakota Joseph M. Marshall III. Trata de un gigante de corazón frío cuya hambre sin fondo lo impulsó a atacar una aldea lakota y consumir a las mujeres y los niños de la tribu. Tras el ataque, los guerreros que habían sobrevivido decidieron actuar contra Iya con la esperanza de rescatar a sus seres queridos del estómago de la bestia, a pesar de que no compartían la fuerza del gigante. Para lograr su fin, los lakota idearon un plan con el que tender una trampa a su formidable enemigo; durante días, los hombres trabajaron incansablemente para cavar un enorme agujero lo suficientemente grande como para capturar a la bestia Iya, que luego cubrirían y disfrazarían. Habiendo terminado la trampa, el más valiente de la tribu, un guerrero llamado Nube, se usó a sí mismo como cebo para atraer al gigante, persuadiéndolo para que lo siguiera mientras corría hacia el agujero. El hambre de Iya no tenía fin y fue esto lo que hizo que persiguiera a Nube incesantemente por la tierra hasta donde los lakota estaban esperando. El monstruo era más rápido y más fuerte que cualquiera de los guerreros, pero, al final, los esfuerzos de los lakota y la terrible codicia del gigante llevaron a este a caer en la trampa y morir.

Para los lakota, la leyenda trata sobre el valor de la perseverancia y celebra al guerrero, Nube, por sus incansables esfuerzos, su capacidad para mantenerse un paso por delante del gigante y todas las cualidades que le permitieron liberar a su pueblo de su cruel prisión. En cierto modo, la leyenda refleja todo lo que Nube Roja hizo para liberar el territorio del río Powder del Gobierno de los Estados Unidos. Si bien es cierto que en la historia original no hay hazañas en las que los lakota ataquen y maten a civiles o mutilen a los soldados para, finalmente, derrotar al enemigo más peligroso de la tribu, en la guerra de Nube Roja sí hubo una fuerza terrible que buscó dominar a los lakota. En lugar de tomar solo mujeres y niños, este «gigante» se esforzó por controlar el paisaje que se extendía desde la región del río Powder hasta las Colinas Negras, tierras atesoradas que habían nutrido a la tribu de Nube Roja durante generaciones y por las que los guerreros lakota estaban dispuestos a morir. El ejército de los Estados Unidos era un oponente poderoso con medios para tomar territorio indígena, pero el jefe Nube Roja vio que existía la oportunidad de reclamar tierras tribales aprovechando la falta de control de su rival y, como pasó en la leyenda, el exceso de confianza y el afán de conquista hicieron caer al gran enemigo en una trampa mortal.

Con todo, pese a la correlación entre las dos historias, existe una gran diferencia entre la leyenda y lo que sucedió en las tierras que rodean las Colinas Negras: la historia original tenía un final feliz, uno en el que los lakota pusieron fin a un terror que había amenazado lo que más amaban. En la realidad, por el contrario, tras lo que al principio parecía un triunfo irrevocable para la tribu, la nación sioux descubrió que todavía había otros gigantes con los que luchar.

[*Deeds of valor*; Beyer, W. F. y Keydel, O. F.; 1901].

V
LEYENDAS Y LOS LAKOTA (II)

Durante dieciséis años, Halcón Volador había sido testigo de cómo su tribu, los lakota, se las había arreglado para preservar su dominio sobre la tierra donde nació, a pesar de lo que parecía ser una corriente interminable de amenazas, enfrentamientos y guerras. Desde niño, en los bosques de las Colinas Negras, Halcón Volador había visto cómo la nación sioux compitió con la tribu de los crow por el control del territorio y sus rebaños de bisontes, cada vez más reducidos. Había notado la marcha, cada vez más desagradable, de la civilización estadounidense hacia las tierras lakota y experimentó el combate de primera mano cuando el hombre blanco y sus soldados empezaron a abrirse camino a través del territorio indio. Estaba entre los oglala cuando su primo, el conocido como Caballo Loco, dirigía a las fuerzas armadas estadounidenses a una emboscada mortal y observaba mientras el jefe tribal Nube Roja lograba una victoria histórica para los sioux al obligar al Gobierno de los Estados Unidos y a sus soldados invasores a evacuar las tierras del río Powder.

Llegó el verano de 1868 y los tres fuertes que el ejército de los Estados Unidos había construido en la región del río Powder fueron abandonados y luego incendiados. Ahora, después de años de guerra de guerrillas, los lakota reinaban al fin sobre su país natal sin oposición, libres de la intervención de cualquier Gobierno extranjero. La tribu y sus tierras estaban protegidas por los artículos de un nuevo acuerdo,

Retrato del jefe lakota Toro Sentado y el hombre de negocios
Buffalo Bill, ca. 1897 [D. F. Barry, Library of Congress].

el Tratado de fuerte Laramie de 1868, y, en la mente de la nación sioux, las Colinas Negras permanecería en manos del pueblo indio mientras «la hierba creciera y el agua fluyera». Desde entonces, guerreros como Halcón Volador pudieron disfrutar del estilo de vida nómada que su tribu siempre había elegido, ya fuera en la Reserva Sioux o en el territorio indio no cedido que se extendía desde las Colinas Negras hasta el río Powder. Solo que, independientemente del hecho de que los lakota habían ganado definitivamente un control firme sobre las tierras sagradas de Wyoming y Dakota del Sur en 1868, independientemente de cualquiera de las victorias o tratados anteriores de la tribu, lo que cuenta la historia del salvaje Oeste no es una historia de paz permanente. La historia de los lakota es una en la que se desvanecieron los recuerdos de los fracasos pasados en los intentos de dominar a las tribus de las Grandes Llanuras; una en la que los Estados Unidos descubrieron lo que había debajo de la tierra y, de forma lenta pero constante, acometieron una serie de transformaciones que pusieron en peligro las tierras de la nación sioux, su tratado con el Gobierno y, luego, el propio futuro de los lakota.

EL CAMINO HACIA LOS
TRATADOS ROTOS, 1868 A 1875

A principios de la década de 1870 se vieron algunos de los primeros indicios de que el conflicto con los Estados Unidos estaba apenas más allá del horizonte. No habían pasado ni cinco años desde la firma del Tratado del Fuerte Laramie cuando los rumores que sugerían la existencia de depósitos de oro en las Colinas Negras provocaron un fuerte aumento del interés público con respecto a su adquisición y explotación. Públicamente, miembros clave del Gobierno de los Estados Unidos negaron la existencia del oro en las Colinas

Negras y se resistieron a la idea de permitir que los ciudadanos estadounidenses accedieran a esa tierra. Algunos llegaron incluso a emitir declaraciones formales a los periódicos nacionales, indicando su firme oposición a cualquier expedición que pudiera imponerse al acuerdo de 1868. El *Sioux City Journal* publicó uno de esos comunicados, del mayor general Hancock el 2 de abril de 1872, que anunciaba:

> En estas oficinas centrales se están recibiendo cartas de varias partes de los Estados Unidos, haciendo averiguaciones con respecto a los supuestos descubrimientos de oro en la sección del país al oeste del río Misuri conocida como las Colinas Negras de Dakota y preguntando si se presume que las expediciones están ahora en proceso de organización y se les permitirá penetrar en esa región.

The Emigrants [Frederic Remington, 1904].

La sección del país a que se hace referencia se establece como una reserva india, por tratado con la tribu sioux, y se entiende que la fe del Gobierno está comprometida a protegerla de las invasiones u ocupaciones de los blancos. En consecuencia, las partidas o expediciones que se organicen con el objeto de visitar o «prospectar» la región de que se trate estarán inmersas en una empresa ilícita, cuya consumación será mi deber impedir mediante el uso, conforme a la ley y a mis instrucciones, de las tropas a mi disposición si es necesario. A este respecto, puedo mencionar que acabo de recibir una carta oficial del general Stanley, al mando, subordinado a mí, en el río Misuri, en la que se refiere incidentalmente a los informes de oro de las Colinas Negras, en la que dice que no se ha encontrado oro allí.

Oficialmente, la Administración del presidente de los Estados Unidos, Ulysses S. Grant, favoreció el nuevo Tratado de Fort Laramie, independientemente de los posibles recursos disponibles en las Colinas Negras. Sin embargo, al mismo tiempo que el comunicado de prensa del mayor general Hancock aparecía en periódicos nacionales, miembros del Gobierno federal también expresaban (en privado) sus inclinaciones hacia el aprovechamiento de las materias primas situadas en tierras lakota. El secretario del Interior, Columbus Delano, fue uno de estos hombres y, el 28 de marzo de 1872, escribió una carta a Charles Collins —propietario y editor del *Sioux City Times*— en la que admitía que el territorio ocupado por la nación sioux, supuestamente, era rico tanto en minerales como en madera y que él no se opondría a ninguna política diseñada para explorar la región. Además, el secretario Delano declaró que, si se llevara a cabo una exploración de este tipo y proporcionara hallazgos que indicaran que la tierra no era útil para las poblaciones nativas que vivían allí (o era más útil para los Estados Unidos), autorizaría los esfuerzos para extinguir todos los reclamos tribales y «abrir el territorio a la ocupación de los blancos».

Los sentimientos contra los indios que existían en varios niveles del Gobierno también ayudan a explicar por qué las autoridades estadounidenses estaban dispuestas a reconsiderar el acuerdo con los lakota después de un periodo de paz tan breve. El mismo año en que el jefe oglala Nube Roja finalizó las negociaciones con los Estados Unidos, por ejemplo, el congresista James Michael Cavanaugh expresó públicamente sus sentimientos con respecto a la los indios durante un debate sobre la asignación de fondos a las tribus indígenas, declarando, el 28 de mayo de 1868: «Diré que me gusta más un indio muerto que vivo. Nunca en mi vida he visto un buen indio... excepto cuando he visto un indio muerto». Otro ejemplo notable: el superintendente de Asuntos Indígenas Alfred Benjamin Meacham hizo afirmaciones similares en su texto *Wigwam and War-Path* (1875), argumentando que no importaba si el Gobierno engañaba a las tribus nativas con tratados: «Son indios, y tres cuartas partes de la gente de los Estados Unidos creen y dicen que los mejores indios están todos bajo tierra». No obstante, por peligrosas que fueran las actitudes de Delano, Cavanaugh, Meacham y muchos otros para el mantenimiento la paz entre los indios de las Grandes Llanuras y los Estados Unidos, las opiniones destinadas a subvertir a las poblaciones nativas y sus territorios no cambiaron de inmediato la política del Gobierno. De hecho, lo que condujo al Gobierno estadounidense a enfrentarse a los lakota no fueron la correspondencia privada, las actitudes contra los indios o las peticiones del público, sino más bien un estudio de tierras realizado en 1874 por el teniente coronel George Custer.

GEORGE CUSTER Y LAS
TIERRAS REMOVIDAS, 1874 A 1876

El Tratado del Fuerte Laramie cedió las Colinas Negras a la nación sioux, sí, pero también incluía una sofistería que otorgaba al Gobierno estadounidense la libertad de realizar expediciones en esa misma región. Les gustara o no a las tribus que residían allí, secciones del acuerdo (como el artículo II) otorgaban a los funcionarios, agentes y empleados del Gobierno la autoridad para pasar por territorio indígena, mientras que otras (artículo VI) indicaban: «El presidente puede, en cualquier momento, ordenar un estudio de la reserva». Teniendo este derecho, el 8 de junio de 1874, el general de brigada Terry envía la orden especial número 117 al teniente coronel George Custer, indicándole que explore las Colinas Negras «en la dirección o direcciones que, a su juicio, le permitan obtener la mayor cantidad de información en cuanto al carácter del país».

El informe oficial del Ejército del reconocimiento de las Colinas Negras (*Report of a Reconnaissance of the Black Hills of Dakota*, 1874) detalla cómo Custer entró en la Reserva Sioux con «diez compañías de la Séptima Caballería (...) [y] un destacamento de exploradores indios, junto con los guías, intérpretes y carreteros necesarios; en total, como mil hombres». Las órdenes oficiales de la expedición eran proporcionar informes sobre las rutas que permitirían al ejército navegar por el terreno y así empezó el estudio, pero la caravana también había contratado los servicios de varios profesores y médicos para producir información complementaria sobre zoología, paleontología, flora, fauna y geología. Con la progresión del tren de vagones a través de las Colinas Negras, fueron precisamente los hallazgos de los mineros que acompañaban al grupo y del geólogo estatal de Minnesota los que generaron el mayor interés y los que finalmente confirmaron un rumor largamente discutido.

Mayor general George Armstrong Custer (1839-1876),
retratado en mayo de 1865 [Library of Congress].

Después de varias semanas de exploración, el 2 y el 15 de agosto, el teniente coronel George Custer transmitió la noticia de que se había encontrado oro en la Gran Reserva Sioux y de que se requería poco tiempo, trabajo o experiencia para extraer una buena cantidad del metal precioso. Con gran riesgo para las poblaciones nativas que vivían en la región, estos hallazgos no se mantuvieron en secreto y, en cuestión de días, artículos que revelaban la existencia de nuevos campos de oro (algunos citando directamente a George Custer) aparecieron en editoriales desde Nueva York hasta California. El *San Francisco Examiner* el 11 de agosto, el *Chicago Tribune* el 23 de agosto y el *New York Daily Herald* el 29 de agosto fueron solo algunos de los periódicos que se hicieron eco del descubrimiento y, a pesar de que las restricciones gubernamentales continuaron, la noticia inspiró a cientos y luego a miles de mineros a acudir en masa a las Colinas Negras para encontrar los depósitos de oro de Custer.

Al principio parecía que el Gobierno estadounidense defendería el Tratado de Fort Laramie; en respuesta a la migración, Estados Unidos trabajó para erradicar la miríada de mineros que se habían instalado en tierras indígenas. Los intentos de disuadir a las oportunistas de buscar fortuna prosiguieron hasta bien entrado el año siguiente y, cuando llegó la primavera de 1875, las comunicaciones formales de las autoridades advirtieron de que los militares impedirían que futuras expediciones accedieran a la Reserva Sioux y de que (si era necesario) se usaría la fuerza para hacerlo.

Sin embargo, aunque estas acciones demostraron (hasta cierto punto) el apoyo del Gobierno al Tratado del Fuerte Laramie, las declaraciones publicadas en la primavera de 1875, que originalmente tenían como objetivo desalentar las expediciones a las Colinas Negras, incluían indicios de que Estados Unidos había estado trabajando para lograr un cambio significativo en su política. Un buen ejemplo de este tipo de mensaje mixto se puede encontrar en la edición del 18 de marzo de 1875 del *Sioux City Journal*, que contiene un comunicado del teniente general Sheridan afirmando la idea de

«Columna de caballería, artillería y carretas, comandadas por el general George A. Custer, cruzando las llanuras del territorio de Dakota» (1874) [W. H. Illingworth, National Archives].

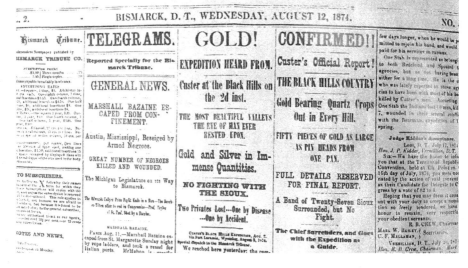

«¡Oro! (...) Oro y plata en inmensas cantidades. Sin pelear con los sioux. (...) ¡¡Confirmado!! ¡Informe oficial de Custer!». *Bismack Tribune* (Bismark, Dakota del Norte), 12 de agosto de 1874.

que las expediciones al territorio están prohibidas pero, «si el Congreso abriera ese país para el asentamiento al extinguir los derechos de los tratados de los indios, el abajo firmante brindará un apoyo cordial al asentamiento de las Colinas Negras». La misma edición del periódico también contiene un mensaje del general Sherman que detalla cómo se están «haciendo esfuerzos para organizar la extinción del título indio y se utilizarán todos los medios apropiados para lograr ese fin».

Independientemente de cuál fuera oficialmente la posición de los Estados Unidos, lo que fueron solo declaraciones sugerentes a principios de la primavera de 1875, para el verano del mismo año, se habían convertido en realidad. A partir de mayo, representantes del Gobierno comenzaron a acercarse a miembros clave de los sioux con ofertas modestas para comprar tierras de la reserva india y reubicar a las tribus que vivían allí. Ya fuera por los meses infructuosos de actuar como intermediarios entre los mineros y los nativos, por la absoluta probabilidad de que no había forma práctica de prevenir migraciones a las Colinas Negras o por la conclusión de que el control sobre la Reserva Sioux era más rentable a largo plazo, los líderes del Gobierno (entre ellos el presidente Ulysses S. Grant y secretario del Interior Columbus Delano) habían decidido adoptar un nuevo enfoque y, desde el verano hasta el otoño de 1875, se esforzaron por obtener la propiedad total de las Colinas Negras.

Teniendo en cuenta que la región era sagrada para los lakota y que había sido ganada solo unos pocos años antes, no debería sorprender que las reacciones a la propuesta del Gobierno de los Estados Unidos fueran mixtas en el mejor de los casos. Pero, por poco realistas o aceptables que hubieran sido las ofertas para la gente de la nación sioux, los lakota pronto se dieron cuenta de hasta qué punto los Estados Unidos se habían comprometido con este nuevo propósito. En sus memorias *Black Elk Speaks* (1932), Alce Negro, de la banda oglala, relata la creciente insistencia con la que el Gobierno presionaba a los diferentes jefes de los lakota para que cedieran la Reserva Sioux. Se celebraron consejos para escuchar a los representantes estadounidenses y, a medida que pasaban los días, el mensaje que resonaba una y otra vez era que, si los lakota no vendían su casa, la tierra «sería como nieve derretida en [sus] manos». En respuesta a estas conversaciones, hubo jefes que se resistieron a la perspectiva de la reubicación, pero luego cedieron ante la realidad de tener que garantizar la seguridad de su gente. Hubo quienes intentaron negociar con la esperanza de alcanzar una suma que EE. UU., lamentablemente, nunca daría. Y luego estuvieron los líderes, como el influyente curandero hunkpapa Toro Sentado o el conocido oglala Caballo Loco, que rechazaron por completo cualquier compromiso, sintiendo que George Custer y los Estados Unidos nunca tuvieron el derecho de montar una expedición a las Colinas Negras en primer lugar.

«Nuestro primer grizzly, matado por el general Custer y el coronel Ludlow» (1874) [W. H. Illingworth, National Archives].

Halcón Volador fue uno de los muchos lakota que, habiendo presenciado la creciente tensión entre el Gobierno estadounidense y los indios de las Grandes Llanuras, se unió a Toro Sentado. Y, a medida que más y más miembros de la nación sioux se negaban a cooperar con los Estados Unidos, las negociaciones con el Gobierno se hicieron más lentas. En noviembre de 1875, detectado este elemento rebelde dentro de las tribus, el presidente Ulysses S. Grant ordenó a los militares que cesaran su intervención en las Colinas Negras y autorizó la introducción de una nueva estrategia. Como los intentos de comprar la Reserva Sioux habían fracasado (en su mayor parte), en lugar de comprar el territorio, Estados Unidos simplemente encontraría un método para disolver cualquier reclamo que la tribu lakota tuviera sobre la tierra.

El método llegó en forma de ultimátum. En un enfoque calculado dirigido a miles de sioux y a su mayor defensor antiestadounidense, Toro Sentado, el 6 de diciembre, el Comisionado de Asuntos Indígenas emitió la siguiente comunicación a los diferentes agentes y agencias en territorio indio:

> He recibido instrucciones del honorable secretario del Interior (...) para indicarle que notifique a la banda de Toro Sentado y a otras bandas de indios sioux salvajes y sin ley que residen fuera de los límites de su reserva, que deambulan por el oeste de Dakota y el este de Montana, incluso por el valle de los ríos Yellowstone y Powder, y que atacan a los arikaree, mandan, gros ventres, assinaboines, blackfeet, piegan, crow y otras tribus amigas, que, a menos que se retiren dentro de los límites de su reserva (y permanezcan allí) antes del 31 de enero próximo, se considerarán hostiles y [serán] tratados en consecuencia por la fuerza militar.

El mensaje (por breve que fuera) era importante, no solo porque servía como una orden para limitar los movimientos de los lakota, sino porque implicaba que aquellos indios situados en cualquier sitio que no fuera la Gran Reserva Sioux eran culpables de hostilidad hacia las otras tribus que residían en la región; una afirmación que se basaba, en parte, en la verdad. La guerra entre tribus era parte de la cultura indígena tanto antes como después del Tratado de Fort Laramie de 1868. El propio Halcón Volador fue incluso cómplice de este comportamiento, ya que sus memorias desvelan cómo había luchado personalmente con dos de las tribus mencionadas en la carta de la Oficina de Asuntos Indígenas (crow y piegan). Por supuesto, sería imposible saber si todos los indios de las Grandes Llanuras que se unieron a Toro Sentado fueron tan culpables, pero la verdad es que ese detalle en particular no habría influido significativamente en el juicio de la Oficina. Bandas lakota como los hunkpapa y oglala habían atacado a tribus que eran aliadas de los Estados Unidos y estas agresiones pasadas contaban como una violación del primer artículo del Tratado del Fuerte Laramie. Si las diversas bandas fuera de la reserva no habían cumplido con el

For Supremacy [Charles Marion Russell, 1895].

mandato del Gobierno, eso significaba que eran hostiles y que el Ejército de los Estados Unidos actuaría en su contra.

Llegó el 31 de enero de 1876 y Toro Sentado, Caballo Loco y miles de indígenas americanos siguieron desafiando el mandato de Estados Unidos. En el autobiográfico *Black Elk Speaks*, el curandero oglala Alce Negro explica que la idea de mover lentamente a cientos de hombres, mujeres y niños a través de amplios tramos del territorio en las malas condiciones climáticas de diciembre y enero era sencillamente risible por un motivo claro: «Hacía mucho frío y mucha de nuestra gente y nuestros ponis habrían muerto en la nieve». La posibilidad de cumplir con la Oficina de Asuntos Indígenas se hizo aún más difícil por el hecho de que muchos de los indios de las Grandes Llanuras rechazaron la idea de que Estados Unidos tuviera la autoridad para decirles qué hacer; en palabras de Alce Negro: «Estábamos en nuestro propio país y no estábamos haciendo daño». Y así, el 31 de enero, el Comisionado de Asuntos Indígenas redactó una nueva carta al secretario del Interior, declarando: «Como el tiempo limitado por el departamento ha expirado sin recibir ninguna noticia de la presentación de Toro Sentado, no veo ninguna razón por la cual, a discreción del honorable secretario de Guerra, las operaciones militares contra él no deben comenzar de una vez». Poco más de una semana después, el 8 de febrero, el Ejército de los Estados Unidos inició sus preparativos para una campaña militar contra la nación sioux.

Halcón Volador (58) y Cola de Hierro (60), con el conservacionista Major Israel McCreight y el hijo de este. McCreight se había criado entre los lakota y, trasladado a Pensilvania y convertido en un exitoso banquero, llegó a ser un acérrimo defensor de su causa. Cola de Hierro lo bautizó como Tchanta-Tanka («Gran Corazón») y fue nombrado jefe honorario de los sioux. Halcón Volador lo designó su sucesor [*Chief Flying Hawk's Tales*, M. I. McCreight, 1936].

DE HALCÓN VOLADOR Y GIGANTES, 1876

Halcón Volador, ahora un guerrero de veinticuatro años, era solo uno de los aproximadamente seis o siete mil indios americanos que formaban parte de un campamento situado en el río Little Bighorn a fines de junio de 1876. Una vez más, los indios de las Grandes Llanuras se habían unido; los oglala, agrupados con los hunkpapa y varias de las otras bandas de lakota, junto con las tribus de cheyenne y arapajó. Con una de las mayores concentraciones indígenas en la historia del salvaje Oeste, los principales líderes Toro Sentado y Caballo Loco tenían suficientes guerreros bajo su mando para igualar la fuerza que se había reunido diez años antes (en la batalla de los Cien en las Manos), así de grandes eran sus números; de hecho, el 17 de junio, las tribus combinadas habían enfrentado y repelido con éxito a uno de los tres ejércitos enviados para encontrar y someter a la nación sioux en territorio indio.

La batalla había ocurrido en el arroyo Rosebud, contra el general George Crook y una fuerza de avanzada de más de mil hombres, y, aunque ninguno de los ejércitos obtuvo una ventaja táctica notable durante la lucha, las tribus combinadas de cheyenne y sioux lideradas por Caballo Loco, finalmente, obligaron a las fuerzas armadas de los Estados Unidos a retirarse a su campamento en el arroyo Goose, más de sesenta kilómetros al sur. La edición del 23 de junio del *Wyoming Weekly Leader* incluyó un artículo sobre el sorprendente cambio de rumbo de Crook, que proporcionó justificaciones para la retirada y una predicción optimista para la campaña militar de Estados Unidos contra la nación sioux:

> Se informa que el general Crook se retiró a su antiguo campamento en el arroyo Goose con el fin de obtener nuevos suministros y municiones; por lo tanto, pronto podrá reanudar la lucha, si los sioux permanecen en esa vecindad. Los mandos de los generales Terry y Gibbon deben estar a unos pocos días de marcha del

campo de batalla e indudablemente se unirán al general Crook en un ataque combinado contra la fortaleza india del arroyo Rosebud. El pueblo, que estaba a la vista de nuestros valientes soldados cuando luchaban contra los guerreros de Toro Sentado, está condenado; la gran batalla de la campaña de este verano se librará pronto, si es que no se ha producido ya.

Carga de los lakota contra el ejército del general Crook en el valle de la Sombra de la Muerte, en la batalla del Rosebud [R.F. Zogbaum, *Harper's Weekly*, 6 de julio de 1895].

Las predicciones del *Wyoming Weekly Leader*, aunque creíbles, resultarían inexactas en varios aspectos. Contrariamente al informe del artículo, las columnas de Crook permanecieron inmovilizadas durante siete semanas mientras esperaban apoyo. La gran cantidad de guerreros indígenas había sorprendido al general y, para tomar ventaja en la siguiente batalla, se necesitaban tanto hombres como municiones. Igualmente impreciso fue el pronóstico de tribus nativas atrapadas entre los avances simultáneos de los generales Crook, Terry y Gibbons; con el ataque del arroyo Rosebud, los indios de las Grandes Llanuras habían debilitado efectivamente a una tercera parte de la impresionante fuerza militar que los había estado persiguiendo.

Por otro lado, el artículo conjeturó correctamente que una gran batalla de verano se acercaba rápidamente, pero, por más correcto que fuera este pronóstico en particular, realmente se trató de una revelación hecha por Toro Sentado que se convirtió en realidad. Como se registra en los relatos familiares de Ernie Lapointe —el bisnieto de Toro Sentado—, después de que las tribus mudaran su campamento lejos del lugar de la batalla, Toro Sentado realizó una ceremonia religiosa para buscar la guía del Gran Espíritu. El texto de Lapointe, *Sitting Bull: His Life and Legacy*, (2009), indica cómo, durante el ritual, Toro Sentado fue incitado a mirar hacia el cielo y, al hacerlo, recibió una visión de muchos soldados estadounidenses cayendo por el aire hacia el campamento indio. Según el relato, las figuras eran peculiares porque no tenían orejas y estaban cayendo de tal manera que sus pies quedaban por encima de sus cabezas, y fue mientras observaba esta aparición cuando el curandero hunkpapa Toro Sentado escuchó una voz que le decía: «Te doy estos Cuchillos Largos [soldados blancos] porque no tienen orejas. Morirán, pero no tomen sus bienes». Al enterarse de la visión de Toro Sentado, los líderes de la nación sioux interpretaron que las figuras de la visión eran las fuerzas de los Estados Unidos, que se habían negado a escuchar a la tribu, y que las palabras que había escuchado el líder hunkpapa significaban que los lakota pronto disfrutarían de una gran victoria sobre los militares americanos. Lo que no podían haber imaginado era cuán pronto se produciría esa victoria.

Llegó el 25 de junio y, respondiendo a la inteligencia de sus exploradores indios, el teniente coronel George Custer hizo marchar a las compañías de tropas bajo su mando hacia la aldea de Toro Sentado. El plan original había sido explorar el territorio y coordinarse con otros líderes militares para un ataque el 26 de junio, pero los informes de que, posiblemente, el ejército de los Estados Unidos había sido visto colocaron a Custer en un dilema. Los indios de las Grandes Llanuras podían desmontar fácilmente sus cabañas y dispersarse en el transcurso del día y, aunque Custer había realizado expediciones a territorio indio antes, el conocimiento del terreno por parte de las tribus nativas superaba al del ejército. Sabiendo que su objetivo podría desaparecer efectivamente en cuestión de horas, Custer usó su autoridad para tomar un curso de acción inmediato contra los indios de las Grandes Llanuras. La audaz decisión fue una reminiscencia de una que le había dado notoriedad a Custer en el pasado. Trece años antes, en la batalla de Gettysburg, Custer había cargado contra los soldados de la confederación que intentaban huir del campo de batalla y, algunas horas después, repitió la maniobra contra una segunda fuerza superior. Ahora, en lugar de esperar y dejar que el enemigo tuviera la oportunidad de escapar, el teniente coronel George Custer optó por cargar contra su enemigo una vez más.

La estrategia que el ejército de los Estados Unidos esperaba implementar ese día era la de un ataque de pinza. El comandante Reno, subordinado de Custer, debía dirigir tres compañías de soldados a través del río Little Bighorn para atacar a las tribus indígenas desde el sur. Al mismo tiempo, Custer rodearía el pueblo de Toro Sentado con una fuerza de doscientos diez soldados para atacar desde el norte. De esta forma, el ejército podía cubrir dos vías de escape mientras que el resto de las compañías reforzaba y cortaba una tercera vía. Era una estrategia que tenía varias ventajas: la principal era que cualquiera de los dos ataques que lograra enfrentarse primero a los guerreros nativos permitiría que el otro flanqueara al enemigo. En caso de que la fuerza contraria lograra resistir el ataque inicial, los militares contaban con la ventaja táctica de que había una aldea con mujeres, niños y ancianos entre los grupos militares para usar como rehenes. Esta última estrategia en particular había ayudado al teniente coronel Custer varios años antes, cuando se encontró en desventaja contra los cheyenne en la batalla del río Washita, en 1868.

Pero Custer había estado trabajando bajo la suposición de que los indios de las Grandes Llanuras habían sido alertados de su posición, cuando varios relatos indígenas indican que el pueblo aún no había detectado el acercamiento de los militares. Al elegir un avance inmediato, George Custer no se enteró del tamaño de la fuerza opuesta que tenía delante, una que había frenado la marcha del general Crook solo unos días antes. Prefiriendo la movilidad a la fuerza bruta, tampoco optó por asegurar las poderosas ametralladoras Gatling ni ninguno de los suministros que requerían un acercamiento más lento. Tampoco mantuvo una distancia adecuada entre sus columnas y los refuerzos que lo seguían y, a medida que el teniente coronel cargaba contra el enemigo, se ensanchaba y ensanchaba la distancia entre los grupos de soldados, hasta que los refuerzos fueron superados por completo. Y, al igual que el capitán Fetterman en 1866, George Armstrong Custer pronto se encontró corriendo hacia un oponente demasiado formidable.

Ese día, las primeras compañías en llegar al pueblo de Toro Sentado fueron las del mayor Reno. Halcón Volador estuvo presente y, en *Chief Flying Hawk's Tales* (1936), recordó haber visto primero acercarse el polvo y luego a los soldados...

Los soldados formaron una larga fila y dispararon contra nuestros tipis entre nuestras mujeres y niños. Esa fue la primera vez que supimos de algún problema. Las mujeres cogieron a sus hijos de la mano y cogieron a sus bebés y corrieron en todas direcciones...

El polvo era espeso y apenas podíamos ver. Llegamos justo entre los soldados y matamos a muchos con nuestros arcos, flechas y *tomahawks*. Caballo Loco estaba por delante de todos y mató a muchos de ellos con su garrote de guerra; los derribó de sus caballos cuando trataban de cruzar el río donde la orilla era empinada. El guerrero Oso Patcador cstaba justo a su lado y también mató a muchos en el agua.

Esta pelea fue en la parte alta del valle, donde la mayor parte de los indios estaban acampados. Fueron algunos de los soldados de Reno los que nos persiguieron allí. Fue en el día, justo antes de la cena, cuando los soldados nos atacaron. Cuando los perseguimos, trataron de correr hacia los árboles y atravesar el agua donde habían dejado sus carros. El banco era así de alto (12 pies indicados) y empinado, y se bajaron de sus caballos y trataron de salir del agua sobre sus manos y rodillas, pero los matamos a casi todos cuando corrían por el bosque y en el agua. Los que cruzaron el río y subieron la colina cavaron hoyos y se quedaron en ellos.

Los soldados que estaban en el cerro con los caballos de carga empezaron a dispararnos. Como, en este tiempo, todos los indios habían tomado sus caballos y armas y arcos y flechas y garrotes de guerra, cargaron contra los soldados en el este y el norte en la cima de la colina. Custer estaba más al norte de lo que estaban entonces estos soldados. Iba a atacar el extremo inferior del pueblo. Condujimos a casi todos los que se nos escaparon cuesta abajo a lo largo de la cresta, donde otro grupo de soldados estaba tratando de resistir. Caballo Loco y yo nos separamos de la multitud y cabalgamos a lo largo del río. Llegamos a un barranco; luego, seguimos por la quebrada hasta un lugar en la retaguardia de los soldados que estaban apostados en la colina. Caballo Loco me dio su caballo para que lo sostuviera junto con mi "caballo". Se arrastró por el barranco hasta donde podía ver a los soldados. Les disparó tan rápido como pudo cargar su arma. Cayeron de sus caballos tan rápido como pudo disparar. Cuando se dieron cuenta de que los estaban matando tan rápido, los que quedaban se dispersaron y corrieron tan rápido como sus caballos podían ir hacia otros soldados que estaban más adelante, en la cresta, junto a Custer. Aquí intentaron hacer otra resistencia y dispararon algunos tiros, pero los empujamos a lo largo de la cresta hasta donde estaba Custer. Luego hicieron otra parada (la tercera) y remontaron unos minutos. Después continuaron por la cresta y llegaron con los hombres de Custer.

Otros indios vinieron a nosotros después de que consiguiéramos tener a la mayoría de los hombres en el barranco. Todos los seguimos hasta que llegaron a donde estaba Custer. Solo quedaban unos pocos de ellos.

Para entonces, todos los indios del pueblo habían conseguido sus caballos y armas y vigilaban a Custer. Cuando Custer llegó casi al extremo inferior del campamento, comenzó a bajar por un barranco, pero los indios lo rodeaban y trató de pelear. Se bajaron de sus caballos e hicieron una parada, pero fue inútil. Sus caballos corrieron barranco abajo hasta el pueblo...

Cuando los rodeamos, la pelea terminó en una hora. Había tanto polvo que no podíamos ver mucho, pero los indios cabalgaron alrededor y gritaron el grito de guerra y dispararon contra los soldados tan rápido como pudieron hasta que todos murieron.

Custer's Last Stand. El general Custer, en el centro, con su
chaqueta de piel de ciervo (abajo, en detalle), vive junto a sus
hombres su última lid [Edgar Samuel Paxon, 1899].

El relato de Halcón Volador es solo uno de los múltiples testimonios presenciales que detallan los eventos del río Little Bighorn y, aunque existen diferencias entre cada descripción, todos cuentan una historia similar. Completamente superado en número, el teniente coronel George Custer fue aislado del resto de sus columnas y asesinado. La mayoría de las fuerzas del mayor Reno y los refuerzos militares lograron sobrevivir al día, pero también fueron superados por la gran cantidad de guerreros indígenas presentes. Inmovilizados en las colinas, los soldados restantes solo podían observar cómo miles de nativos americanos desmantelaban su aldea y desaparecían. La batalla de Little Bighorn terminó con una victoria histórica para las naciones sioux, cheyenne y arapajó y, según la historia familiar de Ernie Lapointe, Toro Sentado tenía motivos para sentirse satisfecho, porque pocos guerreros habían muerto y «su visión —con los soldados cayendo cabeza abajo— se había cumplido». Al mismo tiempo, sin embargo, muchos de los soldados estadounidenses caídos habían sido mutilados y despojados de sus pistolas, anillos, dinero, relojes y otras posesiones, todo en contra de las advertencias del curandero hunkpapa. Mientras las tribus unidas marchaban del lugar de la batalla, el líder espiritual de las Grandes Llanuras se llenó de una gran tristeza: «... la gente no había escuchado; y sabía que los descendientes de las naciones lakota, cheyenne y arapajó sufrirían a manos de los padres de los Cuchillos Largos [soldados blancos]».

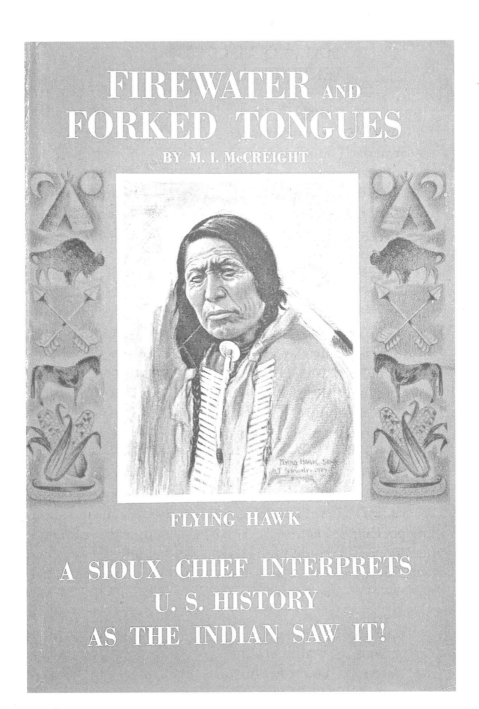

FIREWATER AND FORKED TONGUES

BY M. I. McCREIGHT

FLYING HAWK

A SIOUX CHIEF INTERPRETS
U. S. HISTORY
AS THE INDIAN SAW IT!

A finales de 1946 se descubrió un manuscrito que el conservacionista Major Israel McCreight había concebido al dictado de su amigo Halcón Volador. Se publicó al año siguiente bajo el título *Firewater and Forked Tongues* («Aguardiente y lenguas bífidas»). En él, como reza el subtítulo, el jefe sioux interpreta la historia de los EE. UU. como los indios la vieron.

178

HALCÓN VOLADOR Y LA
DERROTA, 1876 Y DESPUÉS

La batalla había sido ganada, pero no la guerra. Las fuerzas armadas continuaron persiguiendo a los indios de las Grandes Llanuras y, con el paso de los días, pronto quedó claro que la que había sido la mayor ventaja colectiva de las tribus era imposible de mantener para siempre. La superioridad en número había permitido a las tribus indígenas frustrar los planes de dos de las figuras más importantes de las fuerzas armadas estadounidenses, pero ser un pueblo tan grande significaba que la demanda de provisiones era alta y el movimiento de la población era lento. La guerra por las Colinas Negras no había terminado y la llegada del invierno dejaría a las tribus unificadas vulnerables frente a un ejército que estaba mejor abastecido y que no se veía obstaculizado por las necesidades de cientos de niños y ancianos. Divididos, los indios de las Grandes Llanuras eran más móviles y más difíciles de encontrar y, a corto plazo, la búsqueda para satisfacer necesidades básicas (como alimentos) sería menos exigente.

Las tribus se dispersaron, pero, aun dispersas, Halcón Volador y los oglala experimentaron grandes dificultades que se hicieron cada vez más insuperables a medida que pasaba el tiempo. En *Black Elk Speaks*, Alce Negro recordó este como un periodo peligroso de duras condiciones, hambre y persecución continua y habló de las dificultades que su pueblo sufrió durante el invierno de 1876:

> Dondequiera que íbamos, los soldados venían a matarnos, y todo era [en] nuestro propio país. Ya era nuestro cuando los hombres blancos hicieron el tratado con Nube Roja, que decía que sería nuestro mientras creciera la hierba y fluyera el agua. Eso fue solo ocho inviernos antes, y ahora nos perseguían porque nosotros recordamos y ellos olvidaron...

«Kansas.— Entierro, en el fuerte Leavenworth, el 4 de agosto, de los restos de los oficiales del 7.º Regimiento de Caballería, muertos con el general Custer por Toro Sentado...» [*Frank Leslie's Illustrated Newspaper*, 8 de septiembre de 1877].

After The Chase, ca. 1882. El general Sheridan había llamado a exterminar a los búfalos. Sin un animal tan esencial (alimento, vestimenta, refugio, comercio), los indios tendrían que confinarse en una reserva [Huffman, Amon Carter Museum of American Art, Fort Worth, TX].

Volvimos a lo profundo de nuestro país y la mayor parte de la tierra estaba negra por el fuego y los bisontes se habían ido. Acampamos en el río Tongue, donde había algo de follaje para los ponis; y un duro invierno se adelantó. Nevó mucho; la caza era difícil de encontrar y fue una época de hambre para todos.

Los ponis murieron y nos los comimos. Murieron porque la nieve se congeló mucho y no pudieron encontrar la hierba que quedaba en los valles y no había suficiente follaje para alimentarlos a todos. Habíamos estado miles de nosotros juntos ese verano, pero ahora no éramos dos mil.

Luego, después de días de hambre y peleas breves con el ejército de los Estados Unidos, los oglala se enteraron de que —en su ausencia— la guerra había terminado. Después de la batalla de Little Bighorn, las autoridades de EE. UU. retiraron las raciones de la Gran Reserva Sioux e implementaron una política de «firmar o morir de hambre» para incitar a un compromiso. En este periodo, los jefes influyentes habían sido arrestados y obligados a cooperar, los miembros de la tribu situados fuera de la reserva habían sido perseguidos y obligados a ceder y aquellos que siempre habían estado dispuestos a negociar lo hicieron. En cuestión de semanas, los sioux habían cedido las Colinas Negras mientras la voz de protesta más fuerte, Toro Sentado, era perseguida más y más al norte. Ahora, sin un líder que uniera al pueblo sioux, sin guerreros que rivalizaran con el ejército estadounidense, sin una causa común por la cual luchar, y ante la necesidad de proveer a una tribu de hombres, mujeres y niños que habían estado desesperadamente necesitados de alimentos, ropa y refugio durante el invierno de 1876, Caballo Loco se rindió.

La pérdida de las Colinas Negras marcó un periodo en la vida de Halcón Volador en el que veía a los EE. UU. ofrecer lo que parecía una oportunidad tras otra a los lakota, solo para que su gente fuera engañada, traicionada o exterminada. Observó cómo a su primo Caballo Loco se le daba la oportunidad de proteger el futuro de su pueblo a cambio del confinamiento en una reserva india bajo la autoridad del Gobierno. Cuando el miedo a la continua influencia de Caballo Loco entre la nación sioux hizo que los militares buscaran su internamiento, el 5 de septiembre de 1877, Halcón Volador fue testigo de cómo un soldado estadounidense apuñaló a Caballo Loco con una bayoneta por negarse a ser encarcelado.

Halcón Volador estaba entre los oglala cuando Estados Unidos asignó tierras a los indios de las Grandes Llanuras para que pudieran, al menos, vivir y mantener sus tradiciones. Cuando el Gobierno sintió que el surgimiento de movimientos culturales entre estas reservas en 1890 representaba una amenaza al plan de retenerlos allí, las autoridades estadounidenses trabajaron para arrestar y desarmar a los lakota que tenían alguna asociación con la actividad. Halcón Volador experimentó las consecuencias de uno de esos intentos, que dejó al jefe Si Tanka y su gente masacrados en el arroyo Wounded Knee el 29 de diciembre, y vio la trinchera donde doscientos veinte hombres, mujeres y niños yacían «reunidos y amontonados, como madera, en una gran tumba helada».

Halcón Volador vio cómo el Gobierno nacional ofrecía a las familias de la nación sioux enviar a sus hijos a escuelas especializadas para nativos, como la Carlisle Indian Industrial School, cuyo propósito era enseñar oficios a los niños tribales, entrenarlos en atletismo y sumergirlos en la lengua y la cultura de los Estados Unidos. Tenía sesenta y dos años cuando las «Audiencias ante la Comisión Conjunta del Congreso de los Estados Unidos (congreso sesenta y tres, segunda sesión para investigar asuntos indígenas, 1914)» determinaron que estos colegios eran también el tipo de escuelas que exponían a los estudiantes a condiciones de salud peligrosas y castigaban a los niños con confinamiento y hambre. Eran el mismo tipo de escuelas que la notable escritora sioux Zitkala-Sa, en su publicación *American Indian Stories* (1921), denunció por el hecho de separar a los niños indígenas de sus padres, por descuidar a los enfermos y por despojar a los nativos americanos de su herencia cultural.

Halcón Volador incluso llegó a ver a aquellos que habían negociado con los Estados Unidos lamentar la pérdida de su tierra y forma de vida. Recordó las palabras del jefe Nube Roja, que no se había unido a los miles de indios en la guerra por las Colinas Negras y que había recibido favores y autoridad sobre la Reserva Sioux por su cooperación:

Cuando hicimos los primeros tratados con el Gobierno, nuestra antigua vida y nuestras antiguas costumbres estaban a punto de terminar; la caza de la que vivíamos desaparecía; los blancos se cerraban a nuestro alrededor y no nos quedaba más que adoptar sus caminos; el Gobierno nos prometía todos los medios necesarios para vivir de la tierra y para instruirnos en cómo hacerlo, y con comida abundante para apoyarnos hasta que pudiéramos cuidar de nosotros mismos. Mirábamos con esperanza el momento en que pudiéramos ser tan independientes como los blancos y tener voz en el Gobierno.

Wounded Knee, diciembre de 1890. Quinientos soldados masacran a unos 300 hombres, mujeres y niños lakota para reprimir su aspiración de volver a su forma de vida. Son arrojados a una fosa común ya en 1891 [Library of Congress]

Zitkala-Sa, india sioux y activista, ca. 1898 [Gertrude
Käsebier, National Museum of American History].

No obtuvimos los medios para trabajar nuestras tierras; las pocas cosas que nos dieron no sirvieron de nada. (...) Nuestros caballos nos fueron quitados bajo la promesa de que serían reemplazados por bueyes y caballos grandes; pasó mucho tiempo antes de que viéramos alguno y luego obtuvimos muy pocos. Probamos con los medios que teníamos, pero, con un pretexto u otro, nos trasladaban de un lugar a otro o nos decían que llegaba ese traslado. Se hicieron grandes esfuerzos para acabar con nuestras costumbres, pero nada se hizo para introducirnos en las costumbres de los blancos. Todo se hizo para quebrantar el poder de los jefes.

Ahora, ¿crees que no nos estábamos enterando de todo esto? Por supuesto que nos enteramos, pero ¿qué podíamos hacer? Éramos prisioneros, no en manos del ejército sino en manos de ladrones. ¿Dónde estaba el ejército? Preparado para observarnos pero sin voz para arreglar las cosas. No podían hablar por nosotros. Quienes nos retuvieron fingieron estar muy preocupados por nuestro bienestar y dijeron que nuestra condición era un gran misterio. Tratábamos de hablar y aclarar ese misterio, pero se reían de nosotros como si fuéramos niños.

En el folclore lakota, existe una leyenda que la citada Zitkala-Sa publicó en su libro de 1901 *Old Indian Legends*, que habla sobre el espíritu araña Iktomi y sus engaños. En esta historia, Iktomi vio una bandada de patos salvajes jugando en los pantanos ubicados cerca de su casa. Iktomi siempre tenía hambre, pero, como era conocido por ser travieso, no podía acercarse a los pájaros sin un plan, a menos que quisiera irse con las manos vacías. Pensando rápidamente, cargó un saco lleno de hierba sobre su espalda y caminó lentamente por los pantanos como si llevara una carga pesada, y, mientras lo hacía, hizo todo lo posible por ignorar a la bandada en el agua.

Los pájaros, curiosos por saber qué podría llevar Iktomi, se acercaron al espíritu araña y le preguntaron qué era eso que pesaba tanto. Iktomi respondió que eran canciones, que encantaron inmensamente a los patos porque amaban la música, y pronto hubo un clamor para que la cargada criatura sacara una. Con cierta vacilación, Iktomi explicó que cantaría una de las canciones de su saco, pero que, como eran melodías sagradas, los patos debían cerrar los ojos, ya que, si alguno de los patos decidía echar un vistazo durante la canción, sus ojos se volverían rojos para siempre. Todos estuvieron de acuerdo y esperaron a que Iktomi comenzara a cantar con los ojos bien cerrados.

El espíritu araña, entonces, comenzó su canción, lo que hizo que los patos bailaran y chapotearan en el agua. El canto se hizo más intenso y rápido, pero, después de un tiempo, uno de los patos ya no podía cerrar los ojos y, al abrir las pupilas, vio que Iktomi estaba agarrando a cada pájaro uno por uno y rompiéndoles el cuello. Con un fuerte grito, los patos restantes abrieron los ojos y volaron hacia el cielo, no sin antes comprobar que sus ojos se ponían rojos.

Wigwam Evenings. sioux Folk Tales Retold
[Eastman, Ch. A. y Eastman, E. G.; 1909].

El Gobierno de los Estados Unidos, con todas sus complejidades, no se puede comparar con una araña y los formidables pueblos de la nación sioux no se pueden comparar con una bandada de patos crédulos. El propósito del folclore lakota, sin embargo, es enseñar y, en la leyenda, los pájaros salvajes sabían que Iktomi era traicionero, pero optaron por cerrar los ojos a cambio de algo que querían. Hubo aquellos que murieron y aquellos a los que Iktomi marcó para siempre, pero ninguno de los patos quedó sin marcar. La leyenda recuerda a la historia del pueblo lakota, en la que muchos sintieron que los acuerdos y compromisos formales que el Gobierno ofreció a los líderes tribales eran el camino para reclamar las Colinas Negras y el territorio que las rodeaba. Estados Unidos vio una oportunidad en aquella confianza y la usó a su favor.

Con cada tratado y acuerdo nuevo, el Gobierno americano puso fin a la resistencia tribal mientras ganaba más y más autoridad sobre su tierra y su población. Sucedió con Nube Roja y el Tratado del Fuerte Laramie y, nuevamente, con jefes indígenas que buscaron un compromiso después del descubrimiento de oro en las Colinas Negras.

The Detroit Free Press EXTRA

DETROIT, MONDAY, DECEMBER 15, 1890

CHIEF SITTING BULL KILLED

Chief Who Lead Sioux In Battle of the Little Big Horn Is Shot By Indian Police When His Warriors Try to Stop His Arrest At His Village On Grand River

Chief Sitting Bull was shot to death today after his warriors tried to prevent his arrest by Indian Police. Eight Indians, including Sitting Bull's son, Crowfoot, were also killed, as were six of the police. After the battle of the Little Big Horn, Sitting Bull escaped to Canada, but returned to the United States after being promised a pardon. He then appeared in Buffalo Bill's Wild West Show, but lately he has been urging the Sioux not to sell their lands.

Chief Sitting Bull

©T.C.G. PTD. IN U.S.A.

Since Sitting Bull's return to the U. S. the strange religious craze of the Ghost Dance has spread among the Indians, who believe that a Messiah is coming to free them from the oppression of the white man.

See Scoop No. 96 — GERONIMO SURRENDERS TO GEN. MILES

«El jefe Toro Sentado, asesinado»
[*The Detroit Free Press*, 15 de diciembre de 1890].

Cuando las autoridades de los Estados Unidos tomaron posesión del territorio indio, el Gobierno vio que esa misma confianza en los acuerdos le permitiría tomar medidas para eliminar aquellos elementos que pudieran reunir a los lakota. Eliminaron a líderes influyentes como Caballo Loco y Toro Sentado, que se habían rendido ante la autoridad del Gobierno por el bien de su pueblo. Limitaron el movimiento de la tribu nómada y le proporcionaron medios insuficientes para convertirse en una sociedad agrícola. Separaron a los niños de los padres y trabajaron para suprimir la cultura nativa. En los años posteriores al Tratado del Fuerte Laramie, Estados Unidos aprovechó todas las oportunidades para dominar el paisaje de las Grandes Llanuras y, como en la leyenda de Iktomi, aquellos que no sufrieron los peores destinos —Nube Roja, Halcón Volador y los hijos de la nación sioux— no lo hicieron sin quedar marcados.

Montaje fotográfico en la Reserva Pine Ridge. En 1 (plano superior), el lugar el 28 de noviembre de 1890. En 2 (plano inferior-medio), cadáveres de la masacre de Wounded Knee sobre esa misma tierra, enero de 1891. En 3, la escena que se imponía en las Colinas Negras: lavados de oro (en Rockerville, 1889) [Trager, G.; Yale University Library; Grabill, J.; Library of Congress].

Hoy en día, los lakota continúan estando marcados, recluidos en la Reserva Pine Ridge (una vez conocida como la Agencia India Nube Roja) y siendo una de las comunidades más pobres de los Estados Unidos. Bandas como los oglala no han desaparecido, pero el destino de la nación sioux estuvo ligado a las Colinas Negras y al río Powder y, por formidable que fuera en el salvaje Oeste, la cultura de una de las tribus más importantes de las Grandes Llanuras casi fue aniquilada por una historia de acuerdos rotos y un puñado de oro.

*   *   *

190

VI
EL SABOR DEL OESTE

Hay facetas de la cultura de los Estados Unidos que claramente se originaron con los fundadores del país. El valor que
le damos a la independencia surgió de la mente de hombres
como Thomas Jefferson, George Washington o Alexander
Hamilton y desde finales del siglo XVIII ha sido una parte
fundamental de la ética nacional. Otros rasgos característi-
cos del pueblo estadounidense, como nuestro firme patriotismo y el impulso por demostrar la excepcionalidad de
nuestro país, surgieron en el siglo XX y nos llevaron a seguir
un camino que nos condujo a la luna y más allá. Pero luego
están esos aspectos de la cultura de los Estados Unidos que
echaron raíces durante el salvaje Oeste: nuestro espíritu de
exploración pionera, la obsesión con los vaqueros y los pistoleros, el interés en el póquer y los rodeos, las actitudes hacia
la propiedad y la tierra, nuestro amor por el folclore, etc.

Los hombres y mujeres que avanzaron por los territorios
occidentales del continente americano son responsables
de muchos de los elementos más icónicos que dan sabor a
la identidad nacional. Sin embargo, cuando se trata de la
cocina de los Estados Unidos, una mirada dentro de un
carromato vaquero es suficiente para decirle al historiador
moderno que las despensas pioneras del siglo XIX dejaron
una impresión fugaz en la gastronomía de la nación.

En realidad, la bodega pionera sirvió más que nada como
una solución temporal para un pueblo que se desplazaba
hacia la costa del Pacífico. En su publicación de 1859 *The*

Prairie Traveler, una especie de manual para las migraciones hacia el oeste, Randolph Marcy subrayó que cualquier expedición a través de la frontera requería suministros preparados de antemano, que fueran compactos y fácilmente transportables y que permitieran al viajero mantenerse durante semanas. Bolsas de cincuenta kilos de beicon, papas en conserva, harina de maíz, vegetales deshidratados precortados y carne de búfalo seca cortada en finas «hojuelas» fueron algunos de los alimentos más recomendados y que Marcy incluyó en su texto. Según el autor, con suficientes provisiones de este tipo y una cantidad decente de té o café, los pasajeros tenían suficiente para aguantar el viaje de más de cien días desde el río Misuri hasta California. Los viajeros con menos sentido común, que viajaban sin estos suministros, pronto descubrirían que «el champán, los dulces de las Indias Orientales, las aceitunas, etc., etc., no eran los artículos más útiles para un recorrido por las pradcras».

Hunting Deer. «Una cacería de ciervos cerca de Deadwood, invierno de 1887-88. Dos mineros, McMillan y Hubbard...» [John C. H. Grabill, Library of Congress].

No obstante, aparte, quizás, del beicon (que puede identificarse fácilmente como un acompañamiento apreciado del desayuno americano —aunque nunca en sacos de cincuenta kilogramos—), poco de la lista de compras de Marcy logró convertirse en un elemento clave de la cocina estadounidense. Más bien, los menús modernos tienen más en común con aquellos pioneros que llegaron a sus destinos occidentales. *Cookery As It Should Be,* una selección de recetas publicada por Willis Hazard en 1856, brinda recomendaciones de comidas caseras para todos los días de la semana que incluyen platos estadounidenses comunes, como huevos fritos, salchichas y tortillas para el desayuno y carne asada, bistecs y sopa para el mediodía. Mezcladas entre estos platos, aun así, hay otras sugerencias que no son tan típicas en la América moderna: las opciones de desayuno incluyen platos como el estofado, las chuletas de cerdo y las croquetas, mientras que la selección para la comida principal del día ofrece delicias como el cordero hervido, el pastel de ostras, el hígado estofado y la cabeza de ternera. Estos alimentos pudieron haber sido opciones aceptables en el momento de la publicación del libro, pero, según los estándares modernos, no atraen al ciudadano común de los Estados Unidos ni tienen una relación obvia con la gastronomía nacional del país.

Más bien, lo que tuvo un impacto significativo en la cultura de la nación, de todos los alimentos que acompañaron a los pioneros y colonos occidentales, fue un plato que se convirtió en un elemento básico de las celebraciones populares de los Estados Unidos. Más que beicon, panqueques y café para el desayuno o pastel de manzana para el postre, fue la barbacoa lo que los estadounidenses disfrutaron y extendieron por los territorios del viejo Oeste. Desde sus primeros orígenes precolombinos hasta su llegada a las grandes celebraciones estadounidenses de la costa del Pacífico, la barbacoa logró permear la cocina estadounidense durante el siglo XIX y se convirtió en un alimento para todas las clases sociales y en una comida de oportunidad política y económica.

«Y los venados y puercos armánlos con cepos y otros armadijos de redes (...): y después de muertos, como no tienen cuchillos para los desollar, cuartéanlos y hácenlos partes con piedras y pedernales y ásanlos sobre unos palos que ponen a manera de parrillas o trébedes en hueco que ellos llaman barbacoas y la lumbre debajo...» (*Oviedo. De la natural historia de las Indias*, fo. XII, 1526; BDH, CC BY 4.0].

194

LAS RAÍCES DE LA BARBACOA

Fue el colonizador español Gonzalo Fernández de Oviedo y Valdés el primer europeo en escribir sobre la barbacoa. En su relato de 1526 *De la natural historia de las Indias,* obra dedicada al rey Carlos I de España, Fernández de Oviedo proporcionó detalles históricos y observaciones culturales en relación con las exploraciones que tuvieron lugar dentro de la gobernación de Castilla de Oro, así como con las expediciones de Hernando de Soto a Norteamérica. Según el autor, las barbacoas fueron utilizadas por diversas tribus nativas en lo que hoy se conoce como Panamá y Colombia y entre los pueblos de los territorios del este de los actuales Estados Unidos, no como un método particular para preparar carne, sino como una estructura hecha de madera o caña. En el primer capítulo del primer tomo de *De la natural historia de las Indias,* por ejemplo, Fernández de Oviedo usa el término para describir un tipo de andamio que permitía a los indios americanos monitorear su cosecha de maíz. Otras referencias que comparan de manera similar la barbacoa con una plataforma o una especie de soporte para camas aparecen en varias secciones del libro. Si bien el hecho de que la barbacoa fuera más una herramienta que un plato puede dejar entrever su desvinculación con las concepciones modernas, otros capítulos establecen una fuerte relación entre la estructura precolombina y la comida que puede resultar más familiar.

El capítulo veinticinco del texto es una clara muestra de este vínculo entre las barbacoas y gastronomía, pues relata cómo Hernando de Soto partió de la ciudad de Iviahica, en Florida, y en su viaje encontró que los pueblos indígenas asaban gallinas y carne de venado en una «barbacoa» o parrilla. El mismo uso de la palabra aparece en el capítulo veintiséis, que explica cómo los exploradores se reunieron con los nativos en Guaquili (Carolina del Norte) y disfrutaron de la carne asada, de pollo y perro, en una barbacoa. También se pueden encontrar referencias a la parrilla «barbacoa» en el capítulo veintiocho del segundo tomo, entre descripciones del método por el cual las tribus de Panamá descuartizaban y asaban los animales que cazaban.

Lo que Fernández de Oviedo parece dar a entender con estas referencias es, en primer lugar, que en el «Nuevo Mundo» se usaba con frecuencia una especie de parrilla de madera para cocinar y, en segundo lugar, que varias tribus de indios en América del Norte y del Sur usaban la palabra «barbacoa» para describirla. La costumbre de usar una parrilla es fácilmente comprobable, ya que otros documentos históricos del siglo XVI sobre las prácticas de las poblaciones indígenas en América del Norte coinciden bastante con los relatos de Fernández de Oviedo. En la publicación *A Briefe and True Report of the New Found Land of Virginia* (1590), Thomas Hariot escribió que los nativos de Virginia asaban pescado sobre brasas utilizando «una rejilla de ramas». Un año después, Jacques Le Moyne de Morgues detalla en su libro *Narrative of Le Moyne* que las poblaciones nativas de Florida tienen la costumbre de

[*A Briefe and True Report of the New Found Land of Virginia*, Thomas Harriot, 1590].

ahumar su caza usando «cuatro fuertes estacas bifurcadas; y sobre estas ponen otras, como para formar una especie de rejilla». La principal diferencia entre las descripciones de Le Moyne y Hariot y la de Fernández de Oviedo es que solo el cronista español usó la palabra «barbacoa» para describir la estructura de madera que los pueblos indígenas empleaban en la preparación de sus respectivas comidas.

El hecho de que Fernández de Oviedo usara el término con tanta frecuencia podría hacer que un historiador se pregunte si el autor (al agregarlo a su propio vocabulario) describió todas estas herramientas indígenas de forma indiscriminada o si la palabra «barbacoa» existió simultáneamente en América del Norte y del Sur. Lo que hace que el asunto sea aún más difícil de determinar son otras publicaciones, como los textos de *Historia general de las cosas de Nueva España* (1540-1584), escritos por el misionero español Bernardino de Sahagún, y las observaciones del colono virginiano Robert Beverly en *The History and Present State of Virginia* (1709), que también brindan referencias a las «barbacoas» nativas en los territorios de Méjico y Norteamérica.

A pesar de esta incertidumbre, sin embargo, lo que sí queda claro es el hecho de que el término se originó en las Américas y, poco después de la llegada de las primeras expediciones españolas al Nuevo Mundo, otras lenguas europeas comenzaron a implementarlo. Para los siglos XVII y XVIII, los autores británicos habían incluido *barbecue* en el léxico inglés y aparecía no solo como sustantivo, sino también como verbo. El texto *The Country Housewife and Lady's Director* (1732), publicado por el profesor la Universidad de Cambridge R. Bradley, incluye una de las primeras referencias sobre cómo asar (o *barbecue*) un cerdo y sirve como ejemplo principal de cómo la palabra en sí misma se convirtió en una acción para los angloparlantes. No obstante, en los territorios coloniales de América del Norte, particularmente en Virginia, la barbacoa adquirió un nuevo significado y llegó a representar tanto un método de asado lento como un evento social entretenido.

«Nyc.— Una barbacoa. Asado de buey en el picnic de las Sociedades Brennan, Lion Park...» [*Frank Leslie's Illustrated Newspaper*, 9 de septiembre de 1871].

Esto se refleja en los relatos personales de figuras tan influyentes en la historia de los Estados Unidos como George Washington, cuyo diario revela que el hombre que algún día se convertiría en presidente de los Estados Unidos disfrutó de varias barbacoas en los años previos a la Revolución americana. El 27 de mayo de 1769, por ejemplo, Washington reseña en su diario que pasó la noche disfrutando de barbacoas y jugando a las cartas. Otra entrada, del 4 de agosto de 1869, indica que había «cenado en una barbacoa con mucha otra compañía» y permaneció en el evento hasta el atardecer, mientras que otra fechada el 18 de septiembre de 1773 expone que había organizado una parrillada propia en el arroyo Accotink que duró hasta altas horas de la noche. Otras descripciones de este periodo ofrecen una idea más completa de en qué se había convertido una barbacoa en América del Norte en el momento de su independencia de Gran Bretaña.

Un relato particularmente útil acerca de las barbacoas de Virginia proviene del mayor Lawrence Butler, del condado de Westmoreland. En su carta a Anna Cradock fechada el 15 de octubre de 1784, Butler escribió:

Tengo el placer de informarle que he encontrado bien a todos mis parientes y amigos; he sido muy feliz desde mi llegada a Virginia, estoy continuamente en bailes y barbacoas (esto último, supongo que no sabe a lo que me refiero). Se lo describo, es un lechón y a veces un borrego o cordero o incluso a veces una ternera partida y clavada en espetones. Luego tienen un gran hoyo cavado en el suelo donde tienen una serie de brasas hechas de la corteza de árboles, y luego ponen la carne sobre eso a unas seis pulgadas de las brasas, y luego la untan con mantequilla y sal y agua y le dan la vuelta de vez en cuando, hasta que esté lista. Luego cenamos bajo un gran árbol que da sombra o una pérgola hecha de arbustos verdes, bajo la cual tenemos bancos y asientos para sentarnos cuando cenamos suntuosamente; todo esto está en una parcela, donde tenemos un campo de carreras de una milla y todos los caballos en el campo corren, juntos de dos en dos, y así nos divertimos mucho. Por la noche nos dirigimos a la casa de algún señor y bailamos un rato después de la cena, y luego nos retiramos a la cama. Nos quedamos todos en la casa toda la noche (no es como en su país) porque cada señor aquí tiene diez o quince camas, que es suficiente para las damas, y los hombres improvisan; de esta manera pasamos el tiempo una vez cada quince días y otras veces tenemos bailes como ustedes tienen en Inglaterra...

Estas y otras narraciones ayudan a situar la barbacoa en Estados Unidos como algo preparado en el transcurso de varias horas y servido en reuniones sociales. Pero, aunque los documentos históricos del periodo indican que la barbacoa existió localmente en territorios como Virginia y Carolina del Norte, el plato todavía no estaba presente en todos los territorios americanos como parte de la gastronomía nacional.

LA EXPANSIÓN

En los años que siguieron a la Revolución americana, la frontera estadounidense dio sus primeros saltos, primero a las
tierras del río Misisipi y luego a las Montañas Rocosas de
Colorado, y, a medida que la frontera avanzaba más y más
hacia el oeste, multitudes de pioneros se abrieron paso en los
territorios previamente desconocidos. En este periodo, las
barbacoas continuaron siendo populares en la sociedad de
Virginia y tanto fue el interés en la preparación del plato asado
que las recetas empezaron a aparecer impresas. En 1824, la
autora Mary Randolph publicó su libro de cocina *The Virginia
Housewife* e incluyó en sus páginas la primera receta publicada
en los Estados Unidos para la elaboración de la comida barbacoa, titulada «To barbecue shote» (o, traducido al castellano,
«Para asar lechón»). Según la receta, la forma adecuada de
preparar la barbacoa en el siglo XIX consistía en procurar...

«Barbecue, Atlanta Exposition». Estado de Georgia, 1895
[Benjamin West Kilburn, The New York Public Library].

... un cerdo joven y gordo que, cuando se le quitan la cabeza y las patas y se lo corta en cuatro cuartos, pesa seis libras por cuarto. Tome un cuarto delantero, hágale varias incisiones entre las costillas y rellénelo con un rico picadillo; póngalo en una sartén con medio litro de agua, dos dientes de ajo, pimienta, sal, dos porciones de vino tinto y dos de salsa de champiñones; áselo y espese la salsa con mantequilla y harina integral (...); las costillas se deben cortar antes de que se cocine, o no se puede trinchar bien; póngalo en el plato con las costillas hacia arriba; si no está lo suficientemente dorado, agregue un poco de azúcar quemada a la salsa...

La receta es importante desde un punto de vista histórico, ya que incluye información sobre las cantidades y especias empleadas en la elaboración del plato y un conjunto de indicaciones sobre su preparación. También es relevante porque el hecho de que Randolph publicara la receta sugiere que la barbacoa se estaba convirtiendo en un plato tanto para ocasiones sociales como para el hogar estadounidense en Virginia. Al mismo tiempo, sin embargo, cabe señalar que este cambio histórico no se repitió en las publicaciones difundidas en el noreste del país. Las recetas de la comida barbacoa no aparecen en libros conocidos como *The Frugal Housewife* (1829), que fue publicado en Nueva York por Lydia Marie Child; o *The Young Housekeeper* (1838), publicado en Boston por William Alcott; o incluso *Mackenzie's Five Thousand Receipts* (1860), un libro de cinco mil recetas escrito por «un médico estadounidense» que se publicó en Filadelfia. En lugar de aparecer en territorios como Massachusetts o Pensilvania, la barbacoa acompañó a los que migraron al oeste y se expandió a una región a ochocientos catorce kilómetros del lugar de nacimiento de Mary Randolph: en el estado de Kentucky.

Al mismo tiempo que los estadounidenses disfrutaban del asado en Virginia, comenzaron a aparecer en los periódicos de Kentucky informes de barbacoas públicas celebradas en las ciudades de Frankfort, Lexington y Louisville. Ya el 25 de julio de 1799, el *Kentucky Gazette* publicaba referencias a las barbacoas locales y, a lo largo de las décadas, cabeceras como el *Kentucky Reporter* y el *Courier-Journal* introdujeron más anuncios sobre las barbacoas que se habían realizado anteriormente o que estaban programadas para una fecha posterior. Luego, en 1839, como había sucedido antes en el estado de Virginia, el plato empezó a asociarse con la cocina casera. En este año, Lettice Bryan publicó su libro *The Kentucky Housewife* y entre sus recetas se encuentran las instrucciones para asar el lechón al estilo barbacoa. Los pasos para preparar el plato no son del todo diferentes a la versión de Mary Randolph, pero la receta sigue siendo importante, principalmente, porque proporciona detalles históricos sobre el proceso de cocción:

> Tome un cuarto trasero o delantero, frótelo bien con sal, pimienta y una pequeña porción de melaza y, si es posible, déjelo reposar durante unas horas; luego enjuáguelo y séquelo con un paño y colóquelo en una parrilla grande, sobre una cama de brasas. No lo ase a la parrilla con prisa, sino déjelo cocinar lentamente durante varias horas, volteándolo de vez en cuando, rociándolo con nada más que un poco de agua salada y pimienta, simplemente para sazonar y humedecerlo un poco.

De *The Book of Camp-Lore and Woodcraft* [Dan Beard, 1920].

De «A Southern Barbecue» [*Harper's Weekly*, 9 de julio de 1887].

Cuando esté bien hecho, sírvalo sin guarnición y, quitada la piel, lo cual debe hacerse antes de ponerlo a asar, exprima por encima un poco de jugo de limón y acompáñelo con mantequilla derretida y vino, salsa de pan, ensalada cruda, ensalada de col o pepinos y compota de frutas. La carne de ternera se puede asar a la parrilla de la misma manera.

La receta de Lettice Bryan es notable, no solo porque fue la segunda receta de comida a la barbacoa publicada en los Estados Unidos, sino porque las instrucciones resaltan la importancia de asar lentamente la carne sobre las brasas, instando al lector a tener cuidado para que no se seque ni se queme. Este particular detalle añade una nueva característica al plato que, hasta este momento, no había aparecido en las descripciones históricas y es que la carne, al haberse asado durante varias horas, debe estar tierna. La receta también es valiosa porque sirve como prueba de que, en el poco tiempo que tardó en ser poblada la península de Kentucky, la barbacoa había emprendido asimismo su viaje hacia el oeste.

Además de aparecer en las ciudades de Lexington, Louisville y Frankfort, a medida que el plato se fue integrando en la cultura de Kentucky, la barbacoa comenzó a aparecer en otros territorios del oeste de los Estados Unidos. Apareció en una variedad de anuncios impresos en Alabama en la década de 1820, mientras que, en Misisipi, el número de periódicos con referencias a barbacoas públicas aumentó considerablemente entre las décadas de 1830 y 1850. Las celebraciones locales de barbacoas también fueron ampliamente publicitadas en los estados de Misuri, Luisiana, Arkansas y Tejas; el *Opelousas Patriot* (31 de octubre de 1844), el *Arkansas Intelligencer* (31 de julio de 1847) y el *Texas Republican* (11 de septiembre de 1852) son solo un puñado de las publicaciones de ese periodo. En menor grado, anuncios similares estuvieron presentes en los estados del noreste, pero la oleada de periódicos entre los estados que pertenecieron a la frontera suroeste, en combinación con testimonios históricos de las poblaciones de esos territorios, subrayan la popularidad de la comida en esa región. Estos testimonios son esclarecedores, por cuanto brindan detalles adicionales sobre quienes prepararon y disfrutaron el asado en las tierras que se extendieron desde los estados fundadores hasta las fronteras occidentales de Tejas y pertenecen nada menos que a las personas que sirvieron como mano de obra principal en las plantaciones del suroeste; es decir, a los esclavos.

Entre 1936 y 1938, el Proyecto Federal de Escritores transcribió una serie de entrevistas realizadas a hombres y mujeres que habían trabajado como esclavos entre las plantaciones de los estados del sur americano. Esta colección, titulada *Slave Narratives*, detalla las vivencias de los esclavos en el siglo XIX y, entre los diversos relatos, muchos de los entrevistados hablan del asado como parte común de la vida del suroeste. Estas observaciones suelen aportar detalles que coinciden con otras descripciones históricas de la barbacoa, así como información sobre quién la preparó, cómo y cuándo. Uno de los entrevistados fue Wesley Jones y, en su testimonio, comentó los métodos que se utilizaban para preparar la barbacoa en la plantación:

Solía quedarme despierto toda la noche cocinando y untando las carnes con salsa barbacoa. Estaba hecha de vinagre, pimienta negra y roja, sal, mantequilla, un poco de salvia, cilantro, albahaca, cebolla y ajo. Algunas personas le echan un poco de azúcar.

En un palo de puntas largas, envolvía un trapo suave de algodón para frotar y, durante toda la noche, frotaba esa carne hasta que goteaba en el fuego. Esos goteos transforman el humo en vapores sazonados que ahúman el asado. Daríamos la vuelta a la carne y la frotaríamos de esa manera durante toda la noche hasta que rezumara el condimento y estuviera asada por completo.

Aunque los ingredientes y las técnicas serían diferentes de una plantación a otra, el exesclavo Gus Feaster explicó que,

F. M. Gay's annual barbecue given on his plantation every year. Alabama, ca. 1930 [Library of Congress].

dentro de la plantación, la forma de elaborar la comida tanto para el dueño como para el esclavo era la misma; los preparativos para la barbacoa de esclavos se hacían «exactamente como se hacía para la barbacoa de los blancos» y la carne, ya fuera de chivo o de cerdo, se colocaba en el asador temprano en la mañana después de haber sido tratada con sal. Feaster también indicó que los propietarios de las plantaciones trabajaban para dar la impresión de que sus esclavos no tenían motivos para envidiar a los esclavos de otras comunidades, por lo que se reservaban generosas raciones para la barbacoa de cara a celebraciones importantes, como el 4 de julio.

La práctica de celebrar asados en días señalados del año también está presente en los testimonios de exesclavos como Eli Coleman, cuyo amo en Kentucky asaba un vacuno cada

«Después de la «barbacoa» 4 de Julio». lakotas oglala después de una barbacoa en la reserva Pine Ridge. Dakota del Sur, 1891 [Eli S. Ricker, History Nebraska].

Men cutting barbeque... ca. 1923 [Erwin E. Smith; Amon Carter Museum of American Art, Fort Worth, Texas, Bequest of Mary Alice Pettis].

Navidad; Mary Thompson, de Alabama, que disfrutaba de varios días libres y «barbacoa y pasteles y tortas para comer» a partir del 4 de julio; y Amos Clark, que siempre gozaba del «café y pollo y pavo y los bailes y la música que duraba toda la noche» en las barbacoas especiales de Tejas. Algunos exesclavos, como Campbell Davis, recordaban las barbacoas del 4 de julio como el día más importante del año en Tejas, tanto para los negros como para los blancos, mientras que otros, como Austin Grant, de Misisipi, organizaron barbacoas para bodas y fiestas cuando ganaron su libertad.

Luego estaban aquellos que celebraban barbacoas como una actividad habitual. Clayton Holbert, nacido y criado en Tennessee, recuerda cómo mataban hasta cien cerdos y usaban madera de nogal para ahumar y asar su carne, especialmente en agosto: «... solíamos hacer varios picnics, barbacoas o lo que quisiéramos para pasar el tiempo». Ellen Betts se refirió en su narración al tiempo en que el trabajo era escaso en el estado de Luisiana: «... los negros no teníamos bailes ni cenas ni nada por el estilo. Llevábamos toda la carne de la barbacoa al pantano y los blancos venían y comían junto a los de color».

Aunque estos son solo una selección de los testimonios que vinculan la barbacoa histórica con la experiencia de la esclavitud, lo que transmiten estos diferentes relatos es que, a pesar de las desigualdades extremas que la vida en las plantaciones imponía entre las comunidades blancas y negras, la barbacoa era una parte común de la tradición del suroeste. También significa que la barbacoa no se expandió a estados como Kentucky, Misuri, Misisipi, Luisiana y Tejas simplemente por sus cualidades, sino porque era un alimento que formaba parte de la cultura esclavista. Sin embargo, si bien el asado llegó a las regiones de la frontera al mismo tiempo que la esclavitud, no fue la única forma en la que se difundió la célebre comida. Solo a unos pocos años del surgimiento de la trashumancia de Tejas y el vaquero histórico, la barbacoa se convirtió en una herramienta del cambio político y una comida «de oportunidad».

GRAND BARBECUE

OF THE

WALKER COLORED VOTERS!!

OF

RICHMOND AND HENRICO.

We, a portion of the Walker Colored Voters of Richmond City and Henrico County, intend giving a Barbecue to our Colored Political friends, on

FRIDAY AFTERNOON, AT 3 O'CLOCK, JULY 2,
ON VAUXALL ISLAND, MAYO'S BRIDGE.

Every colored voter in favor of the equal political and civil rights of the colored and white man ; who is in favor of expurgating from the Constitution the Test Oath and the Disfranchising Clause ; who is in favor of the adoption of the Constitution when amended ; who favors the election of the **WALKER TICKET**, and desires a sincere, lasting peace between the White and the Colored race, is earnestly invited to attend and participate. Good speakers, white and colored, will address the meeting. The committee of arrangements will take all necessary measures to insure good order and the comfort of the guests.

COMMITTEE OF ARRANGEMENTS.

Lomax B Smith, Chm'n	Jas H Clark	Elmore Brown
R C Hobson,	George Keys	Wm Thornton
Jno H Cooley	John Scott	Albert Cook
Joseph Louis	Jas Hopes	Moses Rison
F C H Cole	Isaac H Hunter	Patrick Jackson
John Clark	Robt P Bolling	John West
Abram Hall	Wm Bradley	John Jackson

LIST OF SUBSCRIBERS.

Elmore Brown, John Jackson, Pat Jackson, R C Hobson, Jas Bundy, Moses Rison, Albert Cook, John West, R Roney, Stephen Jones, Warner Allen, James Winnie, Frederick Burger, Theodore Hopes, Wm Young, E Walker, James Hopes, B Randolph, E Froman, Jas H Clark, John Clark, Saml Booker, Fleming Mitchell, Robt P Bolling, John Johnson, Joseph Louis, Abram Hall, Wm Bradley, Frederick C Cole, J B Mason, Theodore Scott, Thos Griffin, Robt Hamilton, Dorson Gardner, George Page, George Keys, Henry Washington, G W Hughes, Horace Johnson, Andrew Johnson, Jeff Sheppard, Jack Watkins, Richard Chiles, Daniel Davis, Joseph Walker, Henry Chamberlain, Stephen Nicholas, Frank Hancock, John H Smith, John Cowley, John J Scott, John W. Cooley, Jesse Balley, Stephen Nelson, Cornelius Parrot, Edward Hill, Jas Hill, Jos Hill, Edward Stevens, Frank Hill, John Watkins, James Chester, Thobean, Chas Taliaferro, Wm Taylor, John Cooper, Richard Meekins, Sam Patch, Benj Coots, Wm Chelser, Wm Coots, Wallace Jones, Frank Buckman, Hamilton Johnson, R Harris, Jas Butler, Wm Mitchell, Coleman Tinsley, Ed Henderson, Stephen Sett, James Traylor, Wm Hayes, John Butler, Frank Johnson, James Johnson, Benj Chester, Isaac H. Hunter, Henry Anderson, James Mitchell, Wm. Lee, S Mitchell, A Watkins, Nelson Davis, John Davis, and 200 others.

Grand Barbecue of the Walker Colored Voters!! of Richmond and Henrico. Virginia, 1869. El republicano Gilbert C. Walker quería destronar al gobernador Henry H. Wells. Este, también republicano, había defendido vedar a los antiguos confederados el ejercicio de cargos públicos y buscaba el apoyo de los libertos con un afroamericano, J. D. Harris, como *segundo*. Los «votantes de color» partidarios de Walker convocaron una gran barbacoa birracial como respuesta. Y Walker venció [Albert and Shirley Small Special Collections Library, University of Virginia].

LA OPORTUNIDAD

A partir de mediados del siglo XIX, muchas de las celebraciones que alguna vez tuvieron como objetivo brindar por la independencia de la nación, ante el aumento de la tensión política en Estados Unidos, se convirtieron en oportunidades para ganar ventaja en las urnas. La expansión de los «estados esclavistas» frente a los «estados libres» fue una de las principales causas de esta división política y, durante los años previos a la guerra de Secesión, las políticas de los partidos Whig, Demócrata y Republicano llegaron a influir la historia de la barbacoa. Relatos personales, como los que se encuentran en la autobiografía de la autora Marion Harland (*Marion Harland's Autobiography*, 1910), retratan las parrilladas como un método para obtener apoyo político durante una época de elecciones y proporcionan datos tanto sobre el propósito del evento como sobre los tipos de alimentos que se consumieron en esas ocasiones.

En sus memorias, Harland describe una barbacoa a la que asistió en 1844, que permitió a los miembros del Partido Whig iniciar un discurso contra la esclavitud. Harland menciona cómo, a lo largo del evento, los hombres participaron en conversaciones sobre sus alineaciones a favor o contra la esclavitud mientras los niños jugaban y cantaban «¡Los demócratas comen ratas, pero los whigs comen cerdos!». También entra en detalles sobre la comida del día e incluye descripciones de los sirvientes negros que iban de fogata en fogata, las órdenes y contraórdenes de sus amos blancos, los métodos que usaban para preparar el asado e incluso la manera en se sentaron los asistentes:

> ... pasamos a ver los asados. Los pozos poco profundos, de seis o siete pies de largo y cuatro pies de ancho, estaban medio llenos de carbones de duros tochos de nogal americano. Había barras de hierro sobre ellos, como parrillas, y medios bueyes y ovejas enteras se asa-

Frank Leslie's Illustrated Newspaper del 8 de febrero de 1890. El expresidente Grover Cleveland, pensativo a las puertas de la Gran Barbacoa Democrática de 1892, solo concurrida por gerifaltes avejentados. En una entrevista reciente se había mostrado optimista respecto a la llegada de alguien que tomase su testigo.

ban sobre las brasas escarlatas. Había seis hoyos, cada uno con su asado. El lugar para la tribuna de oradores y los asientos de la audiencia fueron bien seleccionados. Un manantial profundo brotaba de un bosque de arces. Las flores rojas caídas alfombraban el suelo y las hojas tiernas proporcionaban una agradable sombra. Los prados se inclinaban gradualmente hacia el manantial; toscos bancos de lo que llamábamos «perros punzones» —es decir, los troncos de los árboles cortados por la mitad y con los lados planos colocados hacia arriba— estaban alineados en forma de anfiteatro.

Las referencias a los asados políticos también están presentes en los diarios y textos históricos de la época. Los anuncios del *Liberty Tribune* de Misuri (reimpresos en el *Liberator* el 26 de octubre de 1855) facilitan información sobre una reunión masiva del Partido Demócrata a favor de la esclavitud en Delaware City, en el territorio de Kansas. Allí, los organizadores ofrecieron un asado gratuito en el que el gobernador Shannon se dirigiría a los asistentes con el propósito de «considerar la mejor manera y los medios para contrarrestar la elección de delegados de suelo libre». En el estado de Tejas, el *Texas Republican* (11 de septiembre de 1852) informó de que el Partido Whig del condado de Cass había celebrado una reunión política y una parrillada que claramente habían sido un «gran evento, ya que, en cenas elegantes y patrañas, los whigs generalmente vencen a los demócratas dos a uno».

Más de tres mil kilómetros al oeste del condado de Cass, Tejas, documentos como *History of Sonoma County* (1880), publicado por Alley, Bowen *&* Co., testimonian que se realizó una barbacoa el 4 de julio de 1854, a la que no menos de quinientas personas de Sonoma, California, acudieron para disfrutar de un asado de ternera, presenciar el recital de la Declaración de Independencia y escuchar los discursos políticos de varios californianos influyentes. Según el texto, el evento había sido organizado con la esperanza de convencer a los ciudadanos del estado de que votaran sobre la transferencia de la sede del condado de la ciudad de Sonoma a Santa Rosa. Otra barbacoa californiana, registrada por el *Record-Union* (22 de octubre de 1880) y organizada por los ciudadanos republicanos de Sacramento, atrajo a una multitud de miles y sirvió cerca de 5000 libras de carne de ternera y cordero asados.

En Kansas, el *Atchison Daily Globe* (21 de octubre de 1896) dedicó un artículo a la progresión de la barbacoa política a fines del siglo xix y —en medio de descripciones de bueyes enteros asados, grandes fogatas de leña, tripulaciones de trabajadores negros, gigantescas cacerolas de hierro y trincheras de trescientos metros de largo llenas de brasas— la publicación señaló cómo la práctica había florecido, decaído y vuelto a crecer en los Estados Unidos incluso después de la guerra de Secesión. La barbacoa, primero una estructura

ATLANTA UNION FAIR!

With a Fund Guaranteeing the payment of all
Premiums,

WILL BE HELD

Sept. 2, 3, 4, and 5, 1884.

Four Full Days of Fair.

SPECIAL FEATURES EACH DAY.

BARBECUE, SEPT. 2,

For Pioneers who were in Illinois during the
"Deep Snow," in 1830. J. M. Brooks, Secretary.

Schools Admitted Free

Wednesday, Sept. 3, J. S. Cole, Sec'y.

Music and shade for thousands. Join this non-political, pleasant
and popular resort, eighty rods south of Atlanta, Ill. The three Secretaries will give particulars.

J. P. HIERONYMUS,   ED. STUBBLEFIELD.
Secretary.   President.

Anuncio de una barbacoa celebrada, en el marco de la Atlanta Union Fair, para los pioneros que llegaron a Illinois y padecieron el «invierno de las Nieves Profundas» en 1830 [*Atlanta Argus*, 1 de agosto de 1884].

precolombina y luego un evento social, se había expandido por el continente hasta la costa del Pacífico, transformada en un alimento popular compartido entre los estados de la frontera y en una herramienta política en los años del viejo Oeste. Pero, incluso, aunque la barbacoa había cambiado significativamente desde que se expandió por primera vez desde los territorios de Virginia y Carolina del Norte, aún no había terminado de transformarse; hacia fines del siglo xix, en el estado de Tejas, la *barbecue* se convirtió en efecto en un alimento de oportunidad económica.

La comercialización del asado en el salvaje Oeste tiene su origen entre las páginas del *Brenham Weekly Banner*, en la edición del 25 de octubre de 1878, donde podía leerse: «... un carnicero de Bastrop tiene a mano en su puesto una reserva de carnes asadas y salchichas cocidas». Anuncios parecidos se repitieron de vez en cuando en ese y en otros periódicos; aparece otro ejemplo notable, el 28 de agosto de 1886, en el *Bastrop Advertiser*, que comunicaba que se ofrecían «carnes a la parrilla, ternera, cordero y cerdo, por la mañana y por la noche, en el nuevo mercado de Alexander and Gill». Este último negocio pronto se encontró con la competencia y, el 2 de octubre del mismo año, Kohler's Market pagó al periódico para que imprimiera un anuncio en formato de diálogo elogiando la calidad y ternura de su carne. Al notar la mayor frecuencia de las ofertas de las carnicerías en Tejas, el editor del *San Marcos Free Press* aplaudió la innovadora *barbacue* e instó a los carniceros que ya habían adoptado la práctica de ofrecer carnes a la parrilla a usar ocasionalmente algunas de sus mejores piezas, declarando, el 19 de julio de 1888:

> La gente no debería tener que esperar a las barbacoas para disfrutar de las carnes asadas. Es, de hecho, la única forma en que se deben cocinar las carnes, y el «noble hombre rojo» ha disfrutado hasta ahora de una gran ventaja sobre las tribus de cara pálida. Tengamos por fin una parte de las cosas buenas.

«Asando puerco encima de una parrilla abierta, poniéndole algo de salsa. Plantación Braswell, cerca de Rocky Mount; Carolina del Norte, septiembre de 1944» [Cortesía de los State Archives of North Carolina].

Dos meses después, el 7 de septiembre de 1888, el *Waco Evening News* anunció: «El Sr. Jimmie Riddle abrirá un mercado de carne de primera clase por la mañana con el Sr. Kirt Riddle, el príncipe de los carniceros de Waco»; se refería a la apertura del J.J. Riddle's Cash Market, que, según la edición del 24 de septiembre de la misma publicación, ofrecería carnes a la parrilla todos los días con servicio de entrega a las residencias de Waco. Siguieron más anuncios y, con el paso del tiempo, aparecieron más establecimientos tejanos cuyo negocio enfatizaba la venta de «carne asada caliente» al estilo barbacoa, como era el caso de Rack & Clowe, en la copia del *Waco Evening News* del 10 de abril de 1893. Y así, en medio de un periodo de vaqueros, forajidos y asentamientos occidentales, la barbacoa adquirió las cualidades de un producto comercial y dio sus primeros pasos hacia la manera en que se prepara y disfruta hoy.

En menos de cien años, la barbacoa había pasado de ser algo que se disfrutaba principalmente entre los territorios de las plantaciones de la costa este de los Estados Unidos a formar parte de la cultura culinaria nacional. Era un elemento fijo en celebraciones y reuniones políticas, compartido por hombres y mujeres en todos los niveles de la sociedad. Al final del lejano Oeste, las recetas de barbacoa se imprimían en libros de cocina en todo el país y se vendían en carnicerías y restaurantes. Entonces, conociendo su historia, la pregunta es... ¿a qué sabía?

«Disfrutando de una comida de barbacoa hecha en parrilla con amigos y familia. Plantación Braswell, cerca de Rocky Mount; Carolina del Norte, septiembre de 1944» [Cortesía de los State Archives of North Carolina].

UN SABOR DEL FINAL DEL SALVAJE OESTE

La transformación ha jugado un papel clave en la historia de la barbacoa. Durante su periodo de cambio a lo largo del salvaje Oeste, hay elementos (como el uso de brasas y la cocción a baja temperatura durante horas) que se han mantenido, pero no existe una receta única o uniforme que compartan todas las regiones y una visita a los diferentes territorios de los Estados Unidos demostraría cómo las recetas y los sabores varían drásticamente de un estado a otro. En muchas partes de Tejas, el pecho de ternera o *brisket* asado con sal y pimienta es el pináculo de la barbacoa. Mientras tanto, en Tennessee, las costillas con un adobo seco o salsa barbacoa son el componente principal del estilo Memphis. También hay que tener en cuenta que muchos de los sabores modernos se desarrollaron hace menos de cien años y, dependiendo de la región, la comida barbacoa que comemos hoy en día sería similar o irreconocible para el paladar del siglo xix.

Un recurso para conocer mejor los sabores del pasado se encuentra en los libros de cocina publicados en los finales del siglo xix y principios del xx. El libro *Joe Tilden's Recipes for Epicures*, por ejemplo, escrito por A. M. Robertson y publicado en San Francisco en 1907, cuenta con una receta «antigua» del estilo barbacoa. Según las instrucciones, el lector debe preparar un lechón relleno con una mezcla de hígado, anchoa, hojas de salvia, pan rallado, mantequilla, sal, pimienta de cayena y medio litro de vino tinto y asarlo a fuego abierto. Mientras se asa, debe rociar la carne con sus jugos y vino tinto y, cuando esté bien cocida, servir todo con esta salsa mezclada con anchoa, limón y hierbas dulces.

Otro autor, Horace Kephart, ofrece una visión de cómo podría saber la barbacoa en la naturaleza de los Estados Unidos. Kephart creció en las Greaty Smoky Mountains del oeste de Carolina del Norte antes de viajar a Saint Louis, Misuri, donde publicó su libro de cocina *Camp Cookery* en 1910. El libro le indica al lector que encienda un fuego entre dos troncos de madera grandes que se encuentren a unos dos pies de distancia y que construya la estructura que servirá como parrilla. Luego, debe tomar un corte tierno de carne, empalarlo con espetones y colocarlo sobre la parrilla mientras unta la carne con un trozo de cerdo (aunque, en otras recetas, el autor habla específicamente de beicon). Según Kephart, es importante dar la vuelta a la carne cuando sea necesario y cocinarla lentamente hasta que esté lista, momento en el que se debe untar con mantequilla como toque final. En general, la receta es bastante simple y habría sido instructiva para cualquiera que viviera en el siglo XIX, aunque la versión original puede no ser del gusto de los comensales modernos debido al hecho de que el autor recomienda el uso de ardilla como pieza de carne que asar.

La receta que posiblemente encaje mejor con las concepciones populares sin dejar de representar el asado tradicional de antaño, sin embargo, no proviene de un libro de cocina histórico, sino que pertenece a un estilo de asado que, desde hace más de un siglo, ha mantenido su esencia. Henry Perry nació en Shelby, Tennessee, en el año de 1874, lo que fue el apogeo del salvaje Oeste. Cuando era joven, trabajó en barcos fluviales en el río Misisipi antes de mudarse a Kansas City, Misuri, en 1908, cuando abrió su propio restaurante de barbacoa. Allí, a pocos kilómetros de las históricas vías pecuarias, Henry Perry se hizo un nombre como el padre de la barbacoa de Kansas City, inspirando un estilo de costillas a la barbacoa que todavía se preparan en la actualidad. Hoy en día, las costillas de Kansas City son famosas y, si bien las recetas modernas pueden no producir réplicas perfectas de la barbacoa que existía en la época de Henry Perry, el estilo ha utilizado tradicionalmente los mismos ingredientes desde sus inicios, produciendo un costillar tierno cuyo lugar en la historia de la barbacoa es innegable. La receta hoy bien podría ser la siguiente:

COSTILLAS AL ESTILO «KANSAS CITY»
— 1,5 kilos de costillas de cerdo.
— 55 g de azúcar moreno.
— 13 g de pimentón.
— 1/2 cucharada de pimienta negra.
— 1/2 cucharada de sal.
— 1/2 cucharada de ajo en polvo.
— 1/2 cucharada de cebolla en polvo.
— 1/4 cucharada de pimienta de cayena (opcional).

SALSA BARBACOA
— 3 cucharadas de aceite de oliva.
— 2 dientes de ajo, picados.
— 240 ml de kétchup.
— 60 ml de agua.
— 60 ml de vinagre de sidra.
— 55 gramos de azúcar moreno.
— 1/2 cucharada de sal.
— 1 cucharada de pimentón.
— 1/2 cucharada de pimienta de cayena (opcional).

Hombre cortando la barbacoa en un puesto en la Feria del Condado de Gonzales. Gonzales, Tejas, 1939 [Russell Lee, Library of Congress].

En los Estados Unidos, el primer paso para preparar cualquier plato de costillas es quitar la membrana que está adherida a la parte posterior del costillar. Para hacer esto, debe enjuagar las costillas y luego deslizar un cuchillo sin filo debajo de la membrana en un extremo de las costillas y tirar lo suficiente para que la membrana se separe del resto de las costillas. Después, en un cuenco, mezcle las especias antes de aplicar la combinación generosamente a las costillas.

La elaboración de la salsa no es compleja: simplemente, combine los ingredientes en una cacerola y ponga la mezcla a fuego lento hasta que se reduzca a un nivel deseable.

Para preparar la parrilla, alinee una pila de brasas a un lado de la barbacoa y ajuste la tapa para que el calor interior de la barbacoa tapada alcance una temperatura de unos 135 °C.

Caliente el costillar indirectamente, en el lateral de la parrilla sin brasas, asegurándose de mantener la temperatura constantemente mientras se cocinan las costillas.

Después de dos horas, envuelva bien las costillas en papel de aluminio y luego vuelva a colocar los paquetes en la parrilla boca abajo, entre una hora y media y dos horas más o hasta que las costillas se sientan tiernas. En este punto, retire las costillas del papel de aluminio, úntelas con salsa barbacoa y vuelva a colocarlas en la parrilla.

Mantenga las costillas en la parrilla durante quince minutos más antes de darles la vuelta y agregar salsa barbacoa de nuevo para una cocción final de un cuarto de hora.

Como broche final, sírvalo con un chorrito de salsa barbacoa y disfrute de un plato lleno de lo que nació a pocos kilómetros de la casa natal del forajido Jesse James, en los últimos vestigios del lejano Oeste.

«Barbacoa en la caza del zorro de Sedgefield. Sedgefield, Carolina del Norte, octubre de 1944» [Cortesía de los State Archives of North Carolina].

«Oilmen Gather at the Duval Club Lunchroom in Freer, Texas» (Carl Mydans, 1937) [Amon Carter Museum of American Art, Fort Worth, Texas].

VII
LA LEY DE LA FRONTERA

Existe una gran cantidad de relatos históricos que tratan sobre el carácter salvaje de la frontera. Algunas de estas historias describen a los forajidos que aterrorizaron al Oeste y sus robos extraordinarios. Otros episodios hablan de las masacres perpetradas, tanto por los indios americanos como por el ejército de los EE. UU., en la segunda mitad del siglo XIX. Hay historias de rivalidades mortales que estallaron en las mesas de póquer y de vaqueros cuyas incursiones violentas llenaron los cementerios de los pueblos ganaderos de la noche al día. Pero luego existen relatos como los de Miguel Otero.

Miguel Otero estuvo allí el día que el asesino Bill Mulvey, embriagado por el licor, decidió desenfundar su rifle y enviar una lluvia de balas a los espejos y las botellas de licor de una cantina en Hays City, Kansas. Las memorias de Otero, *My Life on the Frontier* (1936), describen cómo los clientes del bar intentaron disuadir a Mulvey de hacer volar más pedazos de vidrio por la sala, advirtiéndole que su cruzada no sería tolerada por el alguacil del pueblo, que resultó ser el famoso pistolero Wild Bill Hickok. Entre los pueblos de la frontera, Hickok se había ganado la reputación de ser rápido con un arma, pero, ese día, su conocida destreza no llegó a desanimar a Mulvey. De hecho, cuando se enteró de la identidad del alguacil, el asesino se enardeció aún más. Al salir de la cantina, declaró que había venido al «maldito» pueblo con el expreso propósito de abatir a tiros a Wild Bill y procedió a conducir su caballo por las calles de Hays City en busca del pistolero, rifle en mano.

Pasó poco tiempo antes de que Mulvey tuviera al alguacil frente a él, pero las cosas no salieron como él esperaba, ya que, en lugar de mostrar miedo o determinación ante su posible muerte, Wild Bill casi parecía distraído por algo situado justamente detrás del agresor borracho. Caminando hacia Mulvey, Hickok comenzó a agitar la mano y gritar: «No le disparen por la espalda; está borracho». En respuesta, Mulvey giró rápidamente su caballo y levantó su rifle para apuntar a esta nueva amenaza, pero descubrió que no había nadie detrás de él. En el poco tiempo que Mulvey estuvo distraído, Wild Bill Hickok sacó su pistola y disparó. La bala, después de penetrar la sien de Mulvey, mató al notorio asesino, haciendo que cayera de su caballo.

El testimonio de Otero se integra en una colección de relatos que dan un giro a la narrativa del salvaje Oeste, estableciendo que, a pesar de que la anarquía formaba parte de la vida en la frontera, había alguaciles, detectives, y oficiales que se esforzaron por desafiarla. Estas diversas historias son muy conocidas en la cultura estadounidense y narran las hazañas de hombres que, además de tener que cumplir con sus deberes policiales, se enfrentaron a disputas violentas, casos criminales y pistoleros peligrosos con medidas «salvajes». Lo que es menos conocido, no obstante, son los relatos de aquellos que usaron la ley como una herramienta de oportunidad. Hubo representantes de la ley cuya cruzada contra los elementos criminales no fue tan noble y, en aquellos lugares donde la civilización de los Estados Unidos recién comenzaba a expandirse, se encontraban aquellos que buscaban usar la autoridad para lucrarse, como un instrumento de autopreservación o como un medio para satisfacer una *vendetta*. En lugar de desvelarnos personajes que representaban a la autoridad de la frontera como pacificadores, estas crónicas hablan de jueces, agencias y comunidades enteras cuyos juicios oportunistas se desviaron de la ley y perpetuaron la salvaje reputación del Oeste.

EL JUEZ ROY BEAN Y SU JUZGADO CANTINA

Roy Bean no empezó su carrera como juez ni tuvo experiencia en la ejecución de leyes hasta que cumplió los cincuenta y siete años. Nació en Kentucky en 1825 y desde su juventud, hasta el año 1882, pasó la vida viajando de estado a estado, trabajando en puestos comerciales y bares en los territorios de Luisiana, Méjico, California y Tejas. En sus viajes llegó a ver el interior de las paredes de la cárcel, experimentó roces con las autoridades estatales y sobrevivió a una serie de encuentros mortales, pero, en todo ese tiempo, nunca mostró interés en la aplicación de la ley. Solo fue cuando montó una cantina en el campamento de trabajadores ferroviarios de Vinegarroon cuando Roy Bean se planteó la posibilidad de convertirse en juez, en el condado de Pecos.

La oportunidad se presentó cuando el capitán Thomas Oglesby, de los «rangers» de Tejas, en una carta fechada el 5 de julio de 1882, urgió al general W. H. King que se establecieran representantes de la ley en el remoto campamento de Vinegarroon y la región circundante, ya que el tribunal más cercano estaba ubicado a más de trescientos kilómetros de distancia. Siendo una figura prominente en la localidad, Roy Bean solicitó y luego recibió el puesto y, durante los siguientes catorce años, trató de imponer el orden en Tejas, primero en Vinegarroon y unos meses después en el pueblo de Langtry. Allí, celebraba sus sesiones de corte en un edificio pequeño en cuyo letrero ponía: «Cantina Jersey Lily. Cerveza helada y la ley al oeste del río Pecos». Tan irregular como fue la sala del tribunal de Roy Bean fueron también los juicios que dictó.

Nada más que empezar, las historias de los veredictos de Roy Bean se convirtieron en material de prensa. A medida que pasaban los años, muchos de los artículos sobre sus casos judiciales fueron divulgados como una especie de compendio y se repitieron los episodios más conocidos de su carrera en un estilo folclórico. Para un historiador, los recursos de este

Retrato colectivo con el juez Roy Bean en Langtry, Tejas, a la puerta de su
cantina-juzgado. Ca. 1893 [The Portal to Texas History, Austin Public Library].

Roy Bean, a caballo frente al nuevo edificio de su juzgado (que ahora reza
«notario» y «juez de paz»), tras el incendio que quemó el anterior en 1896
[The Portal to Texas History, University of Texas at Arlington Library].

tipo pueden actuar como un arma de doble filo, ya que, por un lado, brindan importantes testimonios de un territorio aislado que de otro modo habría quedado sin documentar y, por otro lado, sin embargo, también incluyen —muchos de estos textos— errores, hechos exagerados o anécdotas destinadas a entretener. Estos últimos artículos pueden suponer un problema para la credibilidad de algunas narraciones históricas, pero cabe señalar que existen tanto fotografías de sesiones judiciales en la cantina Jersey Lily como testimonios de personajes históricos (como William Dodd, Lilly Langtry o el hermano de Roy, el *sheriff* Samuel G. Bean) que respaldan la noción de que, dentro de las historias del célebre juez, hay aspectos que se acercan a la verdad.

De los varios juicos de la carrera de Roy Bean, posiblemente el más famoso y más repetido es uno que involucra a un capataz de construcción y un trabajador chino muerto. El relato apareció en el *El Paso Daily Times* del 2 de junio de 1884, y también en muchos otros periódicos, como la edición del *El Paso Herald* del 28 de agosto de 1897. La narrativa central que se repite en cada versión de la historia es que un capataz fue llevado ante el tribunal de la cantina Jersey Lilly por matar a tiros a un trabajador chino, pero, pese a que el hombre era claramente culpable de asesinato, Roy Bean no sentenció directamente al acusado. En cambio, el juez volvió a su libro de leyes y, después de una larga consideración, se dirigió a la multitud presente y declaró: «He escuchado la evidencia en este caso y he hecho una investigación cuidadosa de la ley sobre el tema y descubro que no hay ley contra un hombre que mate a un chino. El preso queda liberado de todos los cargos».

La primera versión de los hechos es bastante breve, pero, con el tiempo, interpretaciones posteriores agregaron a la historia más detalles que ayudaron a su contextualización. El relato original no explica, por ejemplo, que, en aquella época, el antagonismo que existía entre los equipos de construcción asiáticos y caucásicos llegó a provocar violencia racial, como fue el caso de la masacre de Rock Springs en 1885 en Wyoming. La versión que apareció en el *El Paso Herald* (28 de agosto de 1897) alude a la tensión racial y explica que, mientras se celebraba el juicio, una multitud de cien o más empleados blancos del ferrocarril fueron a la cantina para presenciar el proceso con la expectativa de que su camarada detenido sería liberado; la historia habla de la influencia que esa multitud tuvo sobre la integridad de la corte e insinúa que la decisión final no se inspiró en las leyes de Tejas, sino, sobre todo, en el trato preferencial y la autopreservación.

Otro detalle destacable del relato, que también forma parte de la publicación del *El Paso Herald* de 1897, trata de que Roy Bean, originalmente, tenía la intención de terminar el juicio el día de su comienzo. Existían pruebas innegables de que el imputado le había disparado a otro trabajador, pero, debido al hecho de que tantos espectadores habían llegado a la cantina para beber y observar el asunto, extendió la duración del proceso otro día para generar más ingresos.

Men on Porch and Horses. Juicio a un ladrón de caballos, en 1900. Bean el único oficial de paz en Langtry [The Portal to Texas History, Cattle Raisers Museum].

Este dato puede ser una adición ulterior a la narrativa, pero es llamativo, ya que el dinero fue un elemento característico de muchos de los relatos que involucraban al juez Roy. La misma edición del periódico, por ejemplo, incluye una historia sobre el propietario de una cantina rival que fue arrestado por un cargo de asalto y tuvo que comprar dos docenas de botellas de cerveza como pago por su veredicto de culpabilidad. Otra anécdota habla de cuando se le pidió a Roy Bean que realizara la investigación de un hombre que se había caído de un puente: cuando llegó a la escena del incidente, lo primero que hizo fue revisar los bolsillos del cuerpo y pronto se encontró que el cadáver tenía una pistola y cuarenta dólares encima; en ese momento, el juez Roy emitió su veredicto: la muerte había sido un accidente, pero, debido a que el cadáver portaba un arma oculta, se vio obligado a multar al difunto por un total de cuarenta dólares.

El dinero y el interés propio también actúan como hilos comunes en las primeras referencias históricas del juez Roy. Periódicos como el *Buffalo Weekly Express* lo evidencian en una selección de crónicas de sus primeras decisiones judiciales. Según la edición del semanario que se publicó el 21 de diciembre de 1882, al «viejo Roy» se le encomendó realizar las primeras investigaciones sobre un caso de robo y, después de repasar los hechos, concluyó que había pruebas suficientes contra el acusado para enviarlo al tribunal de distrito. El acusado, que no pudo pagar la fianza de mil dólares, fue enviado a la cárcel de Fort Stockton en espera de juicio, pero, inesperadamente, se le negó la entrada. Como al conductor no le quedó más remedio que dar la vuelta, el prisionero fue llevado nuevamente a la cantina de Roy Bean y el juez se vio obligado a pagar el costo del transporte en ambos sentidos. En su frustración, Roy Bean exclamó: «Ese es el último caso que enviaré a Stockton. Si no puedo encontrar leyes suficientes para juzgar a un prisionero aquí, lo soltaré». Este caso, supuestamente, causó una fuerte impresión en el juez, ya que, en un juicio posterior, Roy Bean dictaminó que el castigo por matar a un mexicano fuera una multa de cincuenta dólares más costas. En esa circunstancia, la fiscalía protestó la nada convencional decisión, alegando que no había ninguna ley en Tejas que permitiera a la corte liberar a un asesino con solo una multa. En respuesta, Roy Bean criticó al abogado indignado y dijo: «No intente dictar a este tribunal o lo multaré por desacato. El preso es multado con cincuenta dólares más costas. Esa es la ley, la ley de la frontera, la ley del viejo Roy y, maldita sea, la voy a hacer cumplir».

Otras narraciones exponen cómo Roy Bean arrestó y multó a otro juez por amenazar con quitarle su puesto de trabajo, mientras que otras relatan cómo multó a los clientes de la cantina con acusaciones infundadas de desacato. Lo que estas historias y otras sugieren es que la «ley del viejo Roy» respondía principalmente a sus propios intereses y no a los estatutos de Tejas. Dentro de los muros de su palacio de justicia,

Las armas habituales de Roy Bean eran unas esposas, un único libro de leyes, un .44 S & W American y una prensa de sello notarial.

los esfuerzos por mantener cierta apariencia de orden triun-
faron sobre la tarea de aplicar las estrictas directivas de la ley
y, a menudo, era más fácil satisfacer la voluntad del público
o sustituir los castigos con una sanción que enfrentarse a la
anarquía de la frontera. En su defensa se puede argumentar
que a Roy Bean se le encomendó la tarea de ejecutar senten-
cias sobre vecinos, residentes locales y hombres de mala reputación y que sus decisiones surgieron de un «mal necesario»
cuando ni las cárceles ni los recursos gubernamentales estaban disponibles. Pero, aunque ciertamente existen justificaciones que sostienen que los veredictos de la cantina Jersey
Lilly —dictados entre copas de licor— no fueron motivados
por la avaricia o el afán de autopreservarse, tales argumen-
tos serían más fáciles de tragar con un sorbo de *whisky*.

«Rangers» de Tejas en un salón en Marfa, ca. 1918 [The Portal to Texas History].

Antietam, Maryland, 3 de octubre de 1962. Allan Pinkerton, jefe del Servicio de Inteligencia de la Unión desde el inicio de la guerra, con el presidente Lincoln y el mayor general John A. McClernand [Alexander Gardner, Library of Congress].

LOS PINKERTON

En la historia del salvaje Oeste hubo jueces, agentes y alguaciles cuya singular autoridad hizo cumplir la ley en una
ciudad o región determinada. Pero luego hubo agencias
gubernamentales cuya influencia fue mucho más amplia
y, de todas las organizaciones que hicieron historia en el
Oeste, la más notable fue la Agencia Nacional de Detectives
Pinkerton. Fundada por Allan Pinkerton en la década de
1850, la corporación ganó notoriedad cuando se le encargó
llevar al presidente Abraham Lincoln a la capital del país,
Washington D. C., después de ganar las elecciones de 1860.
A partir de este momento, las cosas solo mejoraron para
la agencia, ya que en la década de 1870 ya prestaban servicios al Departamento de Justicia y comenzaron a enjui-
ciar a «los culpables de violar la ley federal», según dicta-
ban las Asignaciones al Presupuesto de los Estados Unidos
de América de 1872.

Una figura clave en este periodo de su historia fue el exvaquero Charles Siringo, quien en 1886 se unió a las filas de los
Pinkerton y actuó como uno de los miembros más destaca-
dos durante los siguientes veintiún años. Las particularida-
des de sus experiencias trabajando como Pinkerton aparecen
en su texto autobiográfico *Two Evil Isms* (1915), que expone
cómo sirvió a la organización casi exclusivamente como una
especie de agente encubierto, tomando el papel de un forajido para ganarse la confianza de asesinos en Colorado en
un momento y persiguiendo ladrones de oro en una canoa

en Alaska en el siguiente. A lo largo de su carrera, Siringo participó en una gran cantidad de investigaciones en las que se enfrentó al elemento criminal del Oeste usando solo su arma y su ingenio; una de sus hazañas más memorables fue, de hecho, la infiltración en la banda del legendario Butch Cassidy. Pero, aunque estos episodios de su vida pueden proporcionar alguna perspectiva histórica sobre la caza de criminales, sus casos más reveladores fueron los que no estaban relacionados con la persecución de ladrones y forajidos.

En 1892, se designó a Charles Siringo para infiltrarse en la huelga sindical en las minas de Coeur d'Alene en el estado de Idaho. El caso fue uno de varios incidentes en los que la agencia Pinkerton se encargó de investigar sindicatos y rumores de criminalidad y, aunque Siringo simpatizaba con la causa de los obreros, las afirmaciones de que la huelga mostró signos de transgresiones resultaron ser ciertas. En los meses en que trabajó encubierto entre las minas, Siringo fue

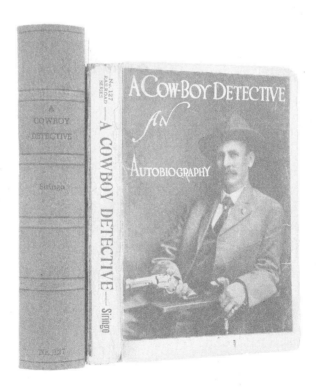

testigo de cómo los líderes de la huelga amenazaban a punta de pistola a los trabajadores esquiroles y obligaban a los no sindicalistas y sus familias a abandonar el territorio bajo pena de muerte. Para aprender aún más sobre las actividades de los representantes sindicales, Siringo se unió al grupo y se ganó la confianza de algunos de los líderes, pero la situación en las minas cambió drásticamente cuando la Asociación de Propietarios de Minas (MOA) comenzó a enviar trenes llenos de mineros no sindicalizados, a finales de primavera y principios de verano.

El 11 de julio de 1892 estalló la violencia en las minas de Coeur d'Alene y mil sindicalistas armados marcharon contra los guardias contratados y los trabajadores no sindicalistas que habían sido enviados para sustituirlos. Aunque esperaba alejarse del derramamiento de sangre, en medio de la rebelión, Charles Siringo fue reconocido como un espía Pinkerton, un acontecimiento que obligó al agente a huir y esconderse entre los bosques del lugar para salvar su vida, hasta que el ejército de los Estados Unidos tomara medidas contra los huelguistas. Cuando la violencia disminuyó, días más tarde, el testimonio de Siringo se utilizó para asegurar el arresto de dieciocho de los líderes sindicales, lo que apunta a la certeza de Siringo de que los hombres involucrados en el incidente eran culpables de haber cometido delitos graves. Al mismo tiempo, sin embargo, vale la pena señalar que, en estas circunstancias, la agencia Pinkerton no había dirigido su investigación a resolver una serie de robos o asesinatos, sino a poner fin a las huelgas en protesta por salarios injustos y malas condiciones laborales. El hecho de que Siringo sintiera cierta reticencia por haber aceptado el caso sugiere que estaba al tanto del propósito de la agencia al enviarlo a las huelgas; que se le asignó la tarea de infiltrarse en Coeur d'Alene para favorecer al cliente que había solicitado la ayuda de la agencia: la Asociación de Propietarios de Minas.

En su vejez, Charles Siringo se dio cuenta de cuán a menudo la agencia Pinkerton había dirigido sus investigaciones para producir resultados favorables para sus clientes.

En 1905, el exgobernador de Idaho Frank Steunenberg, que había aplastado la rebelión de Coeur d'Alene, fue asesinado en un atentado con bomba. El acusado, Harry Orchard (3), implicó a los líderes de la Federación Occidental de Mineros (esta imagen corresponde al jucio de uno de ellos), pero fueron absueltos. El detective de Pinkerton encargado, James McParland, habría logrado de Orchard esa confesión para exonerarlo y neutralizar a la vez al sindicato en favor de la MOA. En sus memorias, Charlie Siringo (6), que había sido designado su escolta por los Pinkerton y que en el momento de la foto lo era también de Orchard para evitar su asesinato, atacará a McParland por este y otros fraudes. «Officials and Harry Orchard», 1907 [Idaho State Archives].

Cinco años antes de la huelga sindical en Coeur d'Alene, por ejemplo, la organización había enviado a Siringo y a otros tres hombres con rifles Winchester a tomar posesión de la mina Bassick en Colorado. «Armados hasta los dientes», los cuatro hombres mantuvieron la propiedad durante más de un mes, defendiéndose de las autoridades que anteriormente tenían la custodia de la misma. En el momento de la publicación de *Two Evil Isms*, en 1915, estaba claro para Siringo que esta acción estaba diseñada desde el principio para favorecer los intereses de la empresa Bassick Mining, que había buscado apoderarse de la mina. Estas afirmaciones están respaldadas por artículos de las ediciones de 1887 del *Rocky Mountain News* (21 de junio) y el *St. Louis Globe-Democrat* (23 de junio) que evidencian cómo la propiedad de la mina había estado en litigio durante años antes de que el tribunal ordenara que aquella fuera subastada, dando lugar a la ocupación ilegal por parte de la empresa Bassick Mining y la agencia Pinkerton.

A medida que pasaba el tiempo, surgieron más casos en los que la organización de detectives dio menos importancia a la legalidad de sus actividades y más importancia al aspecto comercial, hasta tal punto que, en sus escritos, Charles Siringo aludió al hecho de que la agencia conspiraría contra los civiles si asistía el caso de un cliente. En varias ocasiones, Siringo había sido testigo de cómo los agentes de Pinkerton dirigieron sus investigaciones hacia activistas sociales como Albert Richard Parsons y presentaron informes falsos que identificaban a figuras públicas como ardientes anarquistas. Según Siringo, la excusa para estas acciones «era que estos informes llamativos convenían a la agencia y agradaban a los clientes que estaban haciendo el trabajo, y también les daban a los detectives una excusa para pagar grandes facturas por bebidas y cosas por el estilo». En otro incidente, se confió a la agencia la tarea de sofocar un posible escándalo que involucraba a un comerciante, una mujer casada y su esposo enfurecido; contra los esfuerzos de los detectives de Pinkerton, el esposo ofendido decidió que iba a hacer público el asunto, lo que habría hecho que el cliente de la organización (el comerciante) sufriera una gran vergüenza y publicidad no deseada. Este giro de los acontecimientos llevó a varios agentes a planear un atraco para evitar que el hombre testificara. El hecho que Siringo se negase a participar en el plan, sabiendo que tal ataque podía acabar con la vida de la víctima, le costó la enemistad del superintendente y casi lo llevó a su despido de la organización.

Las memorias de Charles Siringo contienen más relatos cuya suma deja a las claras que la agencia Pinkerton tenía dos lados: uno que usó espionaje y agentes encubiertos para resolver investigaciones criminales en la frontera estadounidense y otro que empleó tácticas corruptas en su búsqueda de ganancias. Y, pese a que la organización presentó una demanda contra Siringo por difamación, existen suficientes indicios para respaldar las observaciones del exvaquero. Hay artículos periodísticos que identifican a la Agencia Nacional de Detectives Pinkerton como autora de escándalos, como los que describen el asalto a la mina Bassack. Hay anuncios, firmados por los superintendentes Robert y William Pinkerton y publicados por la agencia a fines del siglo XIX, que ofrecen los servicios de detectives y policía y proponen:

Services rendered and expenses incurred by PNDA... Factura por servicios prestados a la Philadelphia and Reading Coal & Iron Company. Los gastos incluyen alojamiento, franqueo, transporte, lavandería, «invitar» a los sospechosos a bebidas o comidas... (1876) [Hagley Museum and Library, Wilmington, DE].

Las corporaciones o los individuos que deseen conocer los sentimientos de sus empleados y si es probable
que participen en huelgas o se unan a alguna organización laboral secreta con el fin de obtener condiciones convincentes de parte de las corporaciones o los
empleadores pueden solicitarlo al superintendente de
cualquiera de las oficinas, un detective adecuado para
asociarse con sus empleados y obtener esta información.
En este momento, cuando hay tanto descontento
entre las clases obreras y las sociedades laborales secre-
tas se están organizando en todo Estados Unidos, suge-
rimos si no sería bueno para las compañías ferrovia-
rias y otras corporaciones, así como para los individuos
que son grandes empleadores de mano de obra, vigilar
de cerca a los intrigantes entre sus propios empleados,
quienes, en interés de las sociedades laborales secre-
tas, están induciendo a sus empleados a unirse a estas
organizaciones y finalmente a provocar una huelga.
Frecuentemente sucede que, si se resuelve un asunto
de este tipo a tiempo y se descubre a los cabecillas y se
los trata con prontitud, se pueden evitar serios problemas en el futuro.

Recursos de este tipo no muestran que la agencia Pinkteron
tuviera mucho interés en hacer cumplir la ley por el bien
del deber. Aun así, lo que da crédito a los relatos de Charles
Siringo, sobre todo, no son anécdotas o artículos de periódicos o anuncios, sino el hecho de que el Gobierno federal cortó
lazos con la organización de detectives en 1893. La práctica
de disolver sindicatos y huelgas usando oficiales no escapó a
la atención de las autoridades de los EE. UU. y, tras la participación de los Pinkerton en un violento tiroteo ocurrido durante
una huelga de acerías en Homestead, Pensilvania, el Congreso
aprobó la «ley anti-Pinkerton», que establecía: «... ninguna
persona empleada por la Agencia de Detectives Pinkerton u
organización similar puede ser empleada por ningún servicio
del Gobierno o por un oficial del distrito de Columbia».

Thieves & Burglars!

OFFICE OF

Pinkerton's Police.

Orders are hereby given to the Captains, Lieutenants Sergeants and Men of Pinkerton's Preventive Police, that they are in charge of the Burned District, from Polk Street, from the River to the Lake and to the Chicago River. Any person Stealing or seeking to steal, any of the property in my charge, or attempt to break open the Safes, as the men cannot make arrests at the present time, they shall

Kill the Persons by my orders, no Mercy Shall be shown them, but Death shall be their fate.

Allan Pinkerton.

Durante años, amparada en el prestigio ganado por su fundador al servicio de Lincoln (se decía que había llegado a frustrar un complot para asesinarlo en Baltimore antes de la guerra), la agencia Pinkerton operó con el visto bueno del Dpto. de Justicia en la persecución de sospechosos. Paralelamente a ella funcionaba la Policía Preventiva Pinkerton, fundada en Chicago en 1850 (la primera patrulla uniformada de la ciudad), que en 1871 participaba así a los ladrones la orden dada de no dejarlos con vida [Chicago Historical Society].

Sede de la Agencia Nacional de Detectives Pinkerton en Nueva York, en el 57 de la calle Broodway [*Both Sides of Broadway*, Rudolph M. de Leeuw, 1910.].

A los ojos de los Estados Unidos, los representantes de la ley no deberían estar en las acerías y las minas de la nación y el deber de mantener la paz no debe estar en manos de empresarios. Por mucho que la aptitud de la agencia Pinkerton para el espionaje y la infiltración pudo haber ganado la confianza del Departamento de Justicia en la década de 1870, con la llegada del siglo xx, la organización se vio despojada de su conexión oficial con el sistema judicial estadounidense. Detectives como Charles Siringo seguirán siendo conocidos por el oficio y el cálculo que implementaron en su lucha contra los elementos criminales de la frontera, pero la historia de la propia agencia siempre se verá marcada por aquellos que buscaron sacar provecho de la insignia de autoridad.

VIGILANTES

¿Qué pasa cuando no hay ley? ¿Qué sucede si las autoridades no logran mantener ni la paz ni la seguridad del público? Cientos de residentes de San Francisco se hicieron esta misma pregunta durante la fiebre del oro de California, a mediados del siglo xix. California había estado en manos del Gobierno mexicano hasta 1846, año en el que fue anexionada por los Estados Unidos. El problema fue que, hasta 1850, el territorio no ganó la estadidad y, en estos cuatro años, California vivió una especie de limbo gubernamental en el que ni las viejas leyes de Méjico ni las nuevas leyes de los Estados Unidos estaban en plena vigencia. Los inconvenientes derivados de cuestiones relacionadas con los derechos sobre la tierra, el alcance de la autoridad, el proceso democrático y la aplicación de la ley se vieron agravados por el descubrimiento de oro y la afluencia de miles de mineros, inmigrantes y hom-

San Francisco, California: Market Street. Ca. 1880 [Wellcome Collection].

bres de carácter cuestionable a la región, hasta el punto que el gobernador interino del territorio, el coronel Richard Mason, escribió, en una carta a Washington D. C. fechada el 24 de noviembre de 1848:

> No puedo dejar de recomendar que se organice un Gobierno territorial en California lo antes posible, si aún no se ha hecho. Aquí no hay seguridad para la vida o la propiedad y, a menos que se organice rápidamente un Gobierno civil, surgirán la anarquía y la confusión y se cometerán impunemente asesinatos, robos y toda clase de delitos en la comunidad heterogénea y mixta que ahora llena California.

El recién elegido alcalde de San Francisco, John Geary, expresó comentarios similares un año después. Según los apuntes del acta de la Asamblea Legislativa de 1849-1850, en la reunión inicial del nuevo Ayuntamiento, Geary comentó que la tesorería pública estaba sin fondos, la ciudad estaba sin un solo policía y no había medios ni incluso las estructuras físicas necesarias para confinar a un preso durante una hora. De 1849 a 1850, San Francisco asistió al surgimiento de pandillas organizadas como los Hounds y sufrió una serie de incendios en toda la ciudad, cuyos devastadores daños totalizaron más de diez millones de dólares. Fue en este momento de la historia cuando la población de San Francisco comenzó a mostrar signos de indignación tanto con el aumento del crimen como con la ineficacia de la autoridad local, y, sin respuesta, pronto tomaría el asunto en sus propias manos.

Las primeras manifestaciones de indignación pública surgieron cuando, el 19 de febrero de 1851, el destacado comerciante Charles Jansen fue asaltado y dado por muerto. Tratándose de una figura conocida, el asalto de Jansen apareció en los periódicos de la ciudad y provocó que la policía actuara rápidamente en el arresto de un extranjero llamado Thomas Berdue, de quien sospechaban que era en realidad un criminal australiano llamado James Stuart. Un segundo hombre, Robert Windred, también fue arrestado como posible cómplice, pero, a pesar del clamor público para entregar a estos hombres a la justicia divina, los prisioneros fueron mantenidos en la cárcel durante una semana. El 21 de febrero, el editor del *Daily Alta California* criticó enérgicamente la falta de avances en el caso de la agresión, declarando: «desaprobamos la ley Lynch [o «del linchamiento», por el coronel de la guerra de Independencia Charles Lynch], pero el público indignado apelará a eso pronto a menos que se adopten medidas mucho más eficientes en otros ámbitos». Un comentario similar pudo leerse en el mismo periódico dos días después, el 23 de febrero. Luego, el 24 de febrero, el comité de hombres que habían sido designados específicamente para vigilar a los prisioneros durante su lectura de cargos distribuyó el siguiente mensaje a los periódicos de San Francisco:

AL PUEBLO DE SAN FRANCISCO:
Los abajo firmantes, la minoría del comité designado por ustedes, informan lo siguiente: que los prisioneros, Stuart [Thomas Berdue] y Windred, merecen un castigo inmediato, ya que no hay dudas sobre su culpabilidad del crimen. La seguridad de la vida y la propiedad, así como el nombre y el crédito de la ciudad, exigen una pronta acción por parte del pueblo.
Samuel Brannan, WM. H. Jones, E. A. King, J. B. Huie.

Conforme pasaban los días, multitudes de residentes de San Francisco intentaron arrebatarle los prisioneros a la policía, pero fueron intentos fallidos en cada ocasión. En marzo, los prisioneros fueron juzgados y declarados culpables, pero, aunque Berdue recibió una sentencia de muerte, la insatisfacción pública con las autoridades de la ciudad no disminuyó. Cuando un hombre llamado Benjamin Lewis fue arrestado por acusaciones de provocar un incendio en junio, las multitudes, una vez, más salieron a las calles para intentar capturar al acusado, con periódicos como el *San Francisco Herald* del 4 de junio haciéndose eco del sentimiento público de la época, declarando: «Si este hombre es culpable de prender fuego a la casa en Long Wharf, y si la ley no le adjudica la pena de muerte, sin duda abogamos por la ley Lynch».

En medio de estos arrestos, el residente G. E. Schenek, junto con docenas de otros hombres, se unió a un comité de voluntarios que había empezado a realizar patrullas nocturnas para prevenir el crimen. En una entrevista de 1877, grabada para Hubert Bancroft, sobre el comité, Schenek explicó que el grupo se había formado debido al «ataque a Jansen y otros ultrajes que se habían vuelto tan numerosos que excitaron la indignación de la gente» y que su propósito original fue el de complementar la ineficaz fuerza policial. Pero eso cambió rápidamente, ya que, a principios de junio de 1851, el grupo se había transformado en un comité organizado con cientos de miembros, todos dedicados a la eliminación de la actividad criminal en la ciudad de San Francisco. El 9 de junio, la asociación adoptó el nombre de «Comité de Vigilancia» y preparó una constitución que apareció unos días después en periódicos como el *Daily Alta California*, que decía:

Considerando que ha llegado a ser evidente para los Ciudadanos de San Francisco que no hay seguridad para la vida y la propiedad ni bajo los reglamentos de la Sociedad que actualmente existen ni bajo las leyes ahora administradas, los Ciudadanos cuyos nombres se adjuntan al presente se unen en una asociación para el mantenimiento de la paz y el buen orden de la sociedad y la preservación de la vida y la propiedad de los ciudadanos de San Francisco, y nos comprometemos unos con otros a hacer y ejecutar todos los actos lícitos para el mantenimiento del orden público y para sostener las leyes cuando sean administradas fiel y debidamente, pero estamos determinados a que ningún atracador, ladrón, incendiario o asesino escape al castigo, ya sea por las sutilezas de la ley, la inseguridad de las cárceles, la negligencia o corrupción de la Policía o la laxitud de quienes pretenden administrar justicia.

Decidido a hacer un cambio, el Comité de Vigilancia no
esperó mucho antes de administrar su primer acto de justicia. El 10 de junio, varios residentes de San Francisco observaron a un hombre llamado John Jenkins mientras robaba
una pequeña caja fuerte de la oficina de George W. Virgin.
Rápidamente fue atrapado, pero, en lugar de llevar al ladrón
a la policía, el grupo optó por escoltar a Jenkins a la sede
principal del Comité de Vigilancia para ser juzgado públicamente por su crimen. En cuestión de horas, los miembros
principales del comité organizaron su propio tribunal, celebraron un juicio para John Jenkins, declararon culpable al
ladrón y lo sentenciaron a la horca hasta la muerte. Entre los
testigos de estos hechos se encontraba G. E. Schenek, quien
fue uno de los cientos de residentes de la ciudad que acudieron a ver a Jenkins colgado de una viga del antiguo edificio
de aduanas de San Francisco.

En las semanas que siguieron a la ejecución de John
Jenkins, el Comité de Vigilancia inició una nueva campaña
de lucha contra el crimen en la que adoptó nuevos métodos

en su búsqueda de ladrones, asesinos e incendiarios. Durante este periodo, los vigilantes reclamaron (y ejercieron) el derecho de entrar a cualquier local en busca de pruebas incriminatorias, práctica que el alcalde de San Francisco Charles Brenham denunció en una carta abierta a los ciudadanos de la ciudad en el mes de julio. El comité también implementó tácticas para intimidar a los hombres y mujeres que eran objeto de las investigaciones; a los residentes que se consideraban amenazas a la paz de San Francisco o de los que se sospechaba que habían dado cobijo a criminales se les enviaron comunicados con instrucciones de abandonar la región. Algunos de estos mensajes fueron reproducidos en periódicos como el *San Francisco Herald*, que el 18 de junio de 1851 identificó al posadero James Hetherington como uno de los hombres que recibió el siguiente aviso: «Por la presente se le advierte que deje la ciudad en cinco días. Por orden del Comité de Vigilancia». Hetherington y otros residentes fueron amenazados y finalmente detenidos por el comité para el juicio, pero, a pesar de que estas personas fueron tratadas con clara hostilidad, ninguna de ellas vio la soga del verdugo. De hecho, el grupo de vigilantes no recurrió a la ejecución hasta bien entrado julio, tras la detención del criminal australiano James Stuart.

Para el Comité de Vigilancia, el arresto de James Stuart fue algo así como un feliz accidente. El 1 de julio, Stuart había sido visto deambulando cerca de un barrio donde acababa de ocurrir un robo y, sintiendo que tanto su presencia como su excusa para estar en el área eran sospechosas, los miembros del comité concluyeron que el mejor curso de acción sería escoltarlo a su sede. Según el testimonio de G. E. Schenek, hubo algunas dudas sobre si el prisionero era realmente culpable de algún delito ya que, desde el instante de su arresto, James Stuart actuó de manera amable y cooperativa con sus carceleros, pero cualquier duda que existiera entonces se resolvió a la mañana siguiente, cuando un guardia nuevo en servicio reconoció a Stuart como un asesino que había escapado de un linchamiento en la ciudad de Marysville. Ahora identificado, el comité se dispuso a interrogar al prisionero y, en cuestión de días, logró obtener una confesión del hombre. Según una entrevista de 1877 del miembro William Coleman (una declaración conservada por los archivos de Hubert Bancroft), en solo un breve periodo, Stuart había pasado de negar su culpabilidad a charlar sobre su pasado criminal abiertamente; «se deshizo de toda restricción o reserva y sintió que estaba sacando a la luz un registro brillante que hasta ahora se había mantenido necesariamente en la oscuridad». Entre sus confesiones, proporcionó al comité los nombres de los hombres con los que había trabajado en el pasado, así como una lista de los delitos en los que había participado. Curiosamente, no figuraba en la lista el robo que fue el motivo de su arresto, pero entre sus muchos actos delictivos estuvo el asalto y robo del 19 de febrero al comerciante de San Francisco Charles Jansen.

Con su confesión, el Comité de Vigilancia tenía motivos suficientes para condenar a su prisionero e información que podría conducir a más arrestos. Si bien este comportamiento cooperativo puede parecer extraño, debe señalarse que las actas de la reunión general del 11 de julio de 1851 indican que James Stuart había firmado un contrato con el Comité de Vigilancia, lo que sugiere que la colaboración de Stuart

«Ahorcamiento de Stuart por el Primer Comité de Vigilancia» [*The Century Illustrated Monthly Magazine*, noviembre de 1891].

estaba destinada a servir en su beneficio de alguna manera. Sin embargo, esas mismas actas también establecen que el contrato entre Stuart y el comité no se había cumplido y que sus crímenes lo hacían «sujeto a la pena de muerte». Ya fuera que Stuart hubiera o no cooperado bajo la impresión de que su aceptación podría modificar la decisión, ese día, 11 de julio, los miembros principales del comité votaron por unanimidad que el criminal James Stuart fuera ahorcado en público y, a las dos en punto, el hombre fue ejecutado.

Después de este segundo ahorcamiento, el comité pasó a investigar el paradero de los hombres que figuraban en la confesión de James Stuart. Esto condujo a los arrestos posteriores de Samuel Whittaker y Robert McKenzie, quienes fueron retenidos en la sede del comité. Al igual que con Stuart, los prisioneros fueron interrogados y relataron algunos detalles sobre su pasado criminal hasta que el comité decidió que hubo suficientes pruebas para otra ejecución. Pero, en este punto, intervino la policía de San Francisco: en una redada contra la organización de vigilantes, los dos cautivos fueron sacados de sus celdas y llevados a la cárcel de la ciudad (recién terminada) con la esperanza de evitar otra serie de ahorcamientos públicos. No obstante, sin desanimarse por este giro de los acontecimientos, los principales miembros del comité conspiraron contra las autoridades de la ciudad y, el 24 de agosto, atacaron la cárcel para recuperar a sus prisioneros. Según el *Daily Alta California* (25 de agosto de 1851), a las dos de la tarde, una multitud de residentes de San Francisco irrumpió por las puertas de la cárcel y se apoderó de Samuel Whittaker y Robert McKenzie. Bajo el control del comité de nuevo, los dos hombres fueron empujados a un carruaje con pistolas puestas contra la cabeza y conducidos a la sede. Las cuerdas preparadas para su llegada, los prisioneros fueron ejecutados diecisiete minutos después de haber sido sacados de sus celdas y los cuerpos se dejaron colgados durante más de una hora.

Samuel Whittaker y Robert McKenzie fueron los últimos hombres asesinados por el Comité de Vigilancia original. Desde septiembre de 1851 hasta junio de 1852, el interés en la organización se desvaneció ante los problemas relacionados con la financiación, el liderazgo ejecutivo y el compromiso continuo de los miembros. Entre el 5 y el 21 de mayo de 1852, el comité publicó peticiones instando a más residentes de San Francisco a unirse a la patrulla nocturna de la organización, pero, después del 30 de junio, el grupo cesó sus actividades.

Se formaron comités de vigilancia en otras partes del país y en otros momentos del salvaje Oeste. Uno se estableció en Dodge City, Kansas, en 1883, cuando el propietario de un salón, Luke Short, se vio envuelto en un tiroteo con la policía. Otro apareció en Skagway, Alaska, en 1898, cuando la banda del estafador Soapy Smith robó a un minero un saco de polvo de oro por valor de cerca de tres mil dólares. El comité cuyas acciones más se asemejaron a las del comité de San Francisco fue el que se formó en el territorio de Montana en 1864, con investigaciones que llevaron a la ejecución de veintiocho forajidos, asesinos y hombres de mala reputación, incluido el corrupto *sheriff* Henry Plummer. Algunos de estos hechos se

«Con el Comité de Vigilancia en el East End». La vigilancia inicial derivó en muchos casos en el abuso [*Illustrated London News*, 13 de octubre de 1888].

produjeron como resultado de la animosidad hacia un solo hombre, otros fueron provocados por la falta de orden. En el caso de California, años de inacción del Gobierno generaron una multitud sedienta de algún tipo de justicia en San Francisco y, durante los meses de su existencia, ese público usó el comité como una oportunidad para dirigir su indignación, a menudo en contra de la ley, sobre aquellos hombres cuyas actividades en el territorio amenazaban la paz de la ciudad. Para cuatro hombres en particular, el Comité de Vigilancia se esforzó por aplicar la ley de linchamiento incluso si eso significaba subvertir los planes de la policía.

De alguna manera, el comité tuvo éxito, ya que arrestó y castigó a criminales conocidos que anteriormente habían estado prófugos. Sin embargo, en su empeño por traer seguridad a la ciudad de San Francisco, sus miembros usaron su autoproclamada autoridad para registrar hogares, perseguir a residentes basándose en rumores o sospechas y actuar como juez, jurado y verdugo. Al igual que esos hombres y agencias que explotaron sus roles para obtener ganancias, por mucho que el grupo quisiera traer seguridad, el Comité de Vigilancia acabó cambiando la integridad por una ilusión de orden. Hoy en día, las historias de aquellos cuyos juicios se desviaron de las leyes de los Estados Unidos se ven eclipsadas por los relatos más aventureros de hombres como Wild Bill Hickok, Charles Siringo y los innumerables otros alguaciles, detectives, agentes y *sheriffs* que se enfrentaron a los elementos criminales de la frontera con un ingenio rápido y una mano aún más veloz. Y es comprensible. ¿Quién quiere creer que los jueces oportunistas existieron en cualquier lugar excepto en las páginas de ficción? ¿O que la autoridad podría beneficiarse del fraude y la violencia? ¿O que las decisiones diseñadas para brindar seguridad subvertirían los esfuerzos de las autoridades para satisfacer una voluntad vengativa? Es más fácil imaginar que la historia no tuvo matices de gris y que, más que formar parte de lo salvaje de la frontera, quienes portaban las insignias de la ley eran la luz brillante que contenía las tinieblas del indómito Oeste.

A bad hoss [Charles Marion Russell, 1904].

VIII
EL VAQUERO

Cuando era niño, aprendí historias del salvaje Oeste en la escuela, las aprendí de los programas de televisión y el cine y de la gran colección de libros de mis padres en casa. Pero mi fascinación por el oeste americano comenzó, sin duda, en las colinas boscosas del sur de Oregón, en la casa de mis abuelos, en la que he pasado todos los veranos de mi infancia. No es difícil imaginar una gran casa blanca de tres pisos ubicada entre laderas verdes, con largas hileras de pinos y las aguas cristalinas del río Umpqua a poca distancia. Sólidos pilares blancos, como si hubieran sido robados de la película *Lo que el viento se llevó*, adornaban el porche delantero en un estilo sureño clásico y, después de un largo viaje desde la costa de California, siempre encontrábamos a mi abuela allí disfrutando de la brisa de la tarde. En las ocasiones en las que nuestra llegada se producía después de la puesta del sol, era el cálido resplandor de la luz del salón y el estudio de mi abuelo lo que nos saludaba a los recién llegados.

Casi tan llamativas como el aspecto exterior de la casa eran las colecciones de antigüedades que se encontraban dentro y, entre ellas, una serie de pinturas que adornaban los pasillos. Las obras pertenecían a mi abuelo, que había dedicado los últimos años de su vida a la creación de pinturas del viejo Oeste, la mayor parte de las cuales eran reproducciones de obras famosas. Las pinturas mostraban escenas de majestuosos paisajes llenos de búfalos, tribus de indios americanos a caballo cruzando extensas llanuras verdes y, por supuesto, el icono más reconocible del siglo XIX: el vaquero. Lo que nosotros llamábamos las «pinturas *cowboy*» capturaban mi imaginación infantil cada vez que las veía, ya que parecían mostrar cómo era realmente la vida cien años atrás. Cuanto más lo pienso ahora, más crédito le doy a esos pensamientos de la infancia, porque, en realidad, esas escenas del oeste habían sido pintadas por un artista que llevaba años viviendo una vida rural que giraba en torno a los caballos, el ganado y las llanuras del oeste americano.

Nacido de una familia de subastadores y ganaderos cuyas fortunas fueron arrasadas, mi abuelo trabajó, desde los diez años, como temporero en los pueblos rurales del estado de Nebraska. Moviéndose de un lugar a otro y trabajando junto con el resto de su familia, él ayudaba a cosechar los campos y cuidar de la ganadería y fue a partir de esa experiencia como los placeres de su vida lo vincularon a la naturaleza

y a la equitación. Por las noches, mi abuelo salía a escondidas de la casa y, secretamente, participaba en carreras con la yegua de su padre, por caminos de tierra, hasta altas horas de la madrugada. Los domingos, invariablemente, terminaba montando su caballo por los cerros a pelo, «como los indios», como decía mi abuela. Ese amor por la equitación, la aventura y el campo abierto lo acompañó a medida que él crecía y, incluso cuando se convirtió en médico y tuvo hijos, siempre encontraba tiempo para montar a su caballo «Jubilee Jill» con la llegada de cada primavera. Así que para mí no es una sorpresa que mi abuelo sintiera una conexión tan fuerte con los hábiles jinetes del pasado o que quisiera adornar las paredes de su casa con aquel personaje histórico, ya que ¿qué mayor emblema podría haber para un hombre del oeste americano que el vaquero?

A Dash for the Timber [Frederic Remington, 1889].

Hayden Miles Ranch. Eating at the Chuck Wagon during round-up. Andrews County, Texas (1945) [Amon Carter Museum of American Art, Fort Worth, Texas].

Lo curioso es que el resto de mi familia compartía aquel interés también: los innumerables sombreros tejanos, botas de vaquero, pistolas de juguete, estrellas de *sheriff* y caballos de palo que una vez llenaron el ático de la casa de Oregón eran indicio suficiente de que todos mis primos, mis hermanos y yo habíamos heredado la fascinación por el vaquero en un momento u otro. Y no éramos los únicos en experimentar ese sentimiento tampoco; más allá de mi familia, el *cowboy* fue, y sigue siendo, una figura destacada en la cultura de los Estados Unidos, y lo ha sido así desde los días en que apareció impreso por primera vez. Es fácilmente uno de los personajes más reconocibles y célebres que surgieron de los tiempos de la expansión occidental y ha sido objeto de innumerables libros, películas y diferentes formas de entretenimiento popular desde antes del comienzo del siglo xx. Con todo, cuando llega el momento de, realmente, definir con precisión al vaquero y considerar su lugar en la historia, la tarea puede ser un desafío, ya que el término *cowboy* en sí mismo ha tenido diferentes significados para diferentes personas en diferentes lugares y en diferentes momentos.

En las primeras décadas del siglo XX, el público estadounidense conocía a menudo al personaje histórico a través de las interpretaciones del vaquero que aparecían en los medios populares. El «public cowboy number 1», Gene Autry, proporcionó una de estas interpretaciones y, a mediados de la década de 1930, disfrutó del éxito gracias a sus grabaciones musicales populares y presentaciones en radio, donde se anunciaba como el «vaquero cantante». Para estas actuaciones, Autry siempre interpretaba el papel del jinete decente, trabajador y considerado y, para subrayar el tipo de personaje que pretendía representar, en la década de 1940, el *cowboy* musical comenzó a promover un conjunto de pautas por las que cualquier vaquero modelo debería vivir. Con el tiempo se convirtieron en una serie de diez virtudes llamada el *Código del vaquero*, que Autry llegó a publicar una y otra vez a lo largo de su carrera (y póstumamente, a través de Gene Autry Entertainment). Con énfasis en la moralidad y la decencia, el código establecía:

— El vaquero nunca debe disparar primero, golpear a un hombre más pequeño o tomar una ventaja injusta.
— Nunca debe faltar a su palabra.
— Siempre debe decir la verdad.
— Debe ser amable con los niños, ancianos y animales.
— No debe defender o poseer ideas intolerantes con respecto a la raza o la religión.
— Debe ayudar a las personas en apuros.
— Debe ser un buen trabajador.
— Debe mantenerse limpio en pensamiento, habla, acción y hábitos personales.
— Debe respetar a las mujeres, a los padres y a las leyes de su nación.
— El vaquero es un patriota.

Carátula del LP *Sings South of the Border / All American Cowboy* [Gene Autry, 1976].

Según Gene Autry, el vaquero era una figura noble y heroica, y, en parte gracias al *cowboy* cantante, estas características lograron resonar en las versiones del vaquero que siguieron a lo largo del siglo. Pero, por mucho que Gene Autry fuera considerado una representación clásica del vaquero, para los nacidos en las décadas de los 40 y los 50 fueron las interpretaciones dignas y galantes de actores como John Wayne y Jimmy Stewart, bajo la dirección del gran director John Ford, las que realmente llegaron a influir en el público estadounidense. John Wayne, en particular, inculcó al vaquero un sentido de masculinidad, honestidad y patriotismo que se convirtió en el estándar de muchos de los títulos cinematográficos más aclamados del género, desde su debut, en la película de 1939 *La diligencia,* hasta su último largometraje, *El último pistolero,* en 1970.

Sin embargo, la influencia de John Wayne no duró para siempre, ya que, hacia fines del siglo xx, su notable interpretación fue reemplazada por un nuevo vaquero: el hosco errante, moldeado en su mayor parte por el director Sergio Leone y siempre acompañado por las memorables bandas sonoras de Ennio Morricone. Películas protagonizadas por el californiano Clint Eastwood, como *Por un puñado de dólares,* de 1964, dibujaban al vaquero no como un músico alegre o un héroe noble, sino como un pistolero duro, frío y canoso que tendía a encontrarse en medio de una red de violencia (a pesar de toda su astucia). Hoy en día, las películas de Sergio Leone siguen siendo el canon de lo que es un vaquero para muchos y la palabra *cowboy* sirve no solo para definir interpretaciones del pasado, sino como término general para referirse a cualquier cosa desde los mercenarios, forajidos y cazarrecompensas de ese afamado director hasta los peones del rancho, los alguaciles de la ciudad, los exploradores, jugadores, pistoleros o cualquier tipo de persona que pudiera montar a caballo y cargar un revólver... personajes que abarcan todo lo bueno, lo malo y lo feo del Oeste.

Pero, pese a que muchas personas han disfrutado de estas representaciones, cabe preguntarse si eran fielmente representativas del vaquero auténtico. Por ejemplo, por precisos que parezcan algunos elementos de *Por un puñado de dólares,* es difícil determinar qué es históricamente realista debido al hecho de que no fue exactamente una creación estadounidense: la obra de Sergio Leone fue una coproducción entre Alemania, Italia y España y, como si eso no fuera lo suficientemente extranjero, se filmó en Almería, Andalucía, y utilizó una línea argumental que fue tomada de *Yojimbo,* una película de samuráis realizada por el legendario director japonés Akira Kurosawa. En cuanto a los vaqueros galantes y patrióticos de la gran pantalla, ni John Wayne ni Jimmy

Arriba: fotocromo de *Río Grande* (1950), con John Wayne
[Republic Pictures]. Abajo: fotocromo de *Por un puñado de
dólares* (1964), con Clint Eastwood [United Artists].

Stewart basaron sus interpretaciones en experiencias de la vida real ya que ninguno de los dos se crio en la América rural ni trabajó como ganadero. A su favor, Gene Autry nació en el estado de Tejas, creció en Oklahoma e incluso tenía experiencia trabajando en un rancho. «El vaquero cantante» realmente había experimentado la vida en el campo abierto del oeste antes de presentarse como «public cowboy number 1». Pero, al mismo tiempo, el negocio de Gene Autry giraba en torno a una serie de programas de radio, grabaciones musicales y estrenos de películas... entonces, ¿qué garantía había de que el traje de vaquero que tenía puesto no era una simple táctica de *marketing*?

Saber qué facetas de las interpretaciones vaqueras populares se basan en hechos y cuáles se basan en la fantasía, entre todas las variadas representaciones que van desde el jinete virtuoso hasta el brusco antihéroe vaquero, es casi imposible sin más investigación. Para hacer el asunto más complicado, tal es la naturaleza del salvaje Oeste —un periodo que fue testigo de explosivos robos de trenes, violentos tiroteos, peligrosos arreos de ganado y mortales emboscadas indias— que los elementos fantásticos y modernos introducidos por libros, el cine, la televisión y la radio no parecen históricamente fuera de lugar. Para definir mejor la línea difusa entre ficción y realidad, entonces, y así descubrir qué era realmente el *cowboy* en el salvaje Oeste, hay que retroceder más en el tiempo y rastrear al vaquero a lo largo del siglo xix. Al seguir cómo ha cambiado la definición del vaquero en la sociedad americana, se pueden descubrir tanto el tiempo como el lugar de sus inicios, su papel en la historia de los Estados Unidos y las oportunidades que el salvaje Oeste les ofreció y, de esta forma, se puede comprender mejor el personaje que figuró de manera tan prominente en las pinturas de mi abuelo y en la imaginación del público estadounidense.

EL «COWBOY» INNOBLE

Los primeros usos de la palabra «vaquero» en los Estados Unidos no encajan exactamente con las representaciones modernas de hombres a caballo; más bien, el término era algo mucho menos aventurero. *Cowboy* se usaba a menudo como una alternativa a la palabra *cowherd*, cuyo origen se remonta al inglés antiguo *cuhyrde*. El significado de esta era bastante literal, con *cow-* refiriéndose específicamente a la vaca y *-herd* a la profesión de cuidador. La principal diferencia entre *cowboy* y *cowherd* fue simplemente la introducción de la palabra *-boy* o «mozo», para indicar una posición de servidumbre. De hecho,

«Un cabestro forajido encuentra a su par» (Erwin E. Smith, 1905-1910)
[Amon Carter Museum of American Art, Fort Worth, Texas].

periódicos como el *State Gazette of North Carolina* (16 de abril de 1789), el *Lay Preacher's Gazette* (30 de junio de 1800) y el *Wilmingtonian* (2 de septiembre de 1824) usaron el termino exactamente de esta manera, haciendo referencia a la de vaquero como profesión rural de clase baja.

Sin embargo, al mismo tiempo que se publicaron estos artículos, la palabra empezó a adquirir una connotación más siniestra. El cambio tiene su origen en el año 1776, cuando, durante la Revolución americana, el ejército británico capturó la ciudad de Nueva York en su campaña para derrotar a las fuerzas armadas del general George Washington. Con la ciudad de Nueva York en manos de los ingleses, el leal británico James DeLancey, junto con un batallón de voluntarios, recibió la orden de proporcionar ganado para las tropas de la Corona inglesa en Nueva York, una comisión que lo llevó a lanzar incursiones en el condado de Westchester —la zona de separación entre los británicos y los ejércitos de los Estados Unidos— poco después. Estos ataques fueron evidentemente exitosos, porque *The New York Gazette*, un periódico que apoyaba el esfuerzo bélico británico en aquel periodo, informó cómo, el 16 de octubre de 1777, la brigada del coronel James DeLancey viajó «desde Kingsbridge hasta White Plains [condado de Westchester], donde tomaron de los rebeldes 44 toneles de harina, dos yuntas de bueyes, cerca de 100 cabezas de ganado negro y 300 ovejas y cerdos».

Para el año 1783, grupos guerrilleros como los de James DeLancey y Claudius Smith habían saqueado las comunidades alrededor de la ciudad de Nueva York lo suficiente como para inspirar una sensación de miedo continuo tanto en la mente de los residentes locales como en el Ejército Continental de los Estados Unidos. Fue a partir de este contexto histórico cuando los miembros de los batallones itinerantes recibieron el apodo de *cow boy* y el término impreso fue adquiriendo el significado de criminal, traidor británico y saqueador militar. El 5 de agosto de 1783, el periódico *Hartford Courant* usó el término *cow boy* para describir a un hombre llamado Norton que era culpable de matar a golpes

The Cow-boys. «El Gallinero se hallaba en el corazón mismo de lo que en ese momento se llamaba el terreno de debate, entre las líneas británica y estadounidense (...) desde el río Croton hasta el arroyo de Spiting Devil. (...). Al refugio de estas colinas y a lo largo de estos valles existió (...) una raza de labradores testarudos, duros de manos y valientes de corazón (...). En poco tiempo, el terreno de debate se infestó de bandas errantes, (...) todos figurando reparar los agravios (...), pero todos propensos, en el ejercicio de sus altas funciones, a saquear gallineros, ahuyentar ganado y poner granjas bajo contribución: tal fue el origen de dos grandes órdenes de caballería fronteriza, los Skinners y los Cow Boys, famosos en la historia revolucionaria; los primeros lucharon (...) bajo el estandarte estadounidense; los segundos, bajo el estandarte británico» [*Wolfert's Roost and Other Papers*, Washington Irving, 1861].

al Sr. Elisha Brown. El 23 de julio de 1808, el *Aurora General Advertiser* pidió a la gente del condado de Ontario que detectara, expusiera y castigara a una serie de contrabandistas que habían estado llevando provisiones y municiones a los agentes británicos; el artículo continúa invitando a la comunidad a formar un grupo compuesto por «personajes republicanos que hayan demostrado no ser vaqueros británicos ni saqueadores de plantaciones estadounidenses para el apoyo del ejército británico» con el fin de enfrentar la amenaza local.

Mil ochocientos diecisiete trajo consigo una serie de artículos notables de periódicos como el *Burlington Gazette*, el *New York Courier*, el *Lancaster Intelligencer*, el *Rutland Weekly Herald* y el *Evening Post* que hacían referencia a los criminales vaqueros de la Revolución americana. Aquellos artículos informaron de que un político se había referido injustamente a John Paulding, David Williams e Isaac Van Wart como «saqueadores *cowboy*». Los tres habían sido responsables del arresto del jefe de Inteligencia del Ejército británico durante la Revolución americana, unos treinta y siete años antes, y cada artículo recordaba al lector a la «pandilla detestable» (*New York Courier*, 17 de febrero) que había «saqueado a los habitantes más cercanos a las líneas británicas» (*Evening Post*, 3 de abril) y que había «infestado el país entre los puestos de avanzada de los dos ejércitos; que no reconocieron obediencia a ninguno de los dos, pero que eran considerados enemigos de cada uno y tenían la costumbre de hacer depredaciones sobre ambos» (*Burlington Gazette*, 30 de enero).

En la década de 1840, aunque había pasado más de medio siglo desde el final de la Revolución americana, los periódicos todavía usaban *cow-boy* para referirse a los leales británicos militarizados. Ocurrió el 4 de agosto de 1841, cuando el *Fayetteville Weekly Observer* empleó el término para describir a los integrantes del Partido Demócrata como «merodeadores ordinarios», y este apareció con tanta frecuencia como un insulto en la política de los Estados Unidos en los años siguientes que el *Louisville Daily Courier* del 4 de octubre de 1845 criticó a otro periódico por referirse al Partido

Whig con «un epíteto tan oprobioso». Es decir, desde la formación de los Estados Unidos hasta mediados del siglo XIX, el público consideró al vaquero como un individuo de profesión baja o un criminal. En su forma más inocente, la idea del término era algo humilde, común o inculto, pero con el paso del tiempo se usó más a menudo para identificar a los ladrones, traidores, asesinos o cualquier hombre que buscaba la oportunidad de saquear a la población americana. Las representaciones populares del pistolero errante, el noble jinete y el vaquero romántico que tanto proliferaron en el siglo XX no podrían estar más lejos.

«A cracker cowboy» [*Crooked Trails*, Frederic Remington, 1899].

EL ARRIERO Y EL TERROR CONFEDERADO

El cambio fue lento, pero, a medida que avanzaba el siglo xix, comenzaron a aparecer publicaciones sobre las hazañas de los jinetes en la frontera americana. Las observaciones de autores como Philip Edwards (*California in 1837*), por ejemplo, registraron actividades que ahora se asocian al *cowboy*, como la práctica de mover rebaños de ganado por territorios abiertos, el uso del lazo y el rodeo de vacas perdidas. Periódicos como el *Buffalo Commercial* también ayudaron a incorporar detalles con los que los lectores modernos están más familiarizados, aunque, a veces, aquellos textos tendían a mostrar un toque de melodrama. En concreto, el *Buffalo Commercial* publicó un artículo, el 7 de febrero de 1853, que detallaba el surgimiento de una «clase de la población floridana llamada vaquero» que supervisaba el ganado en Florida. Ese artículo continuaba su descripción especificando que los vaqueros habían nacido «con rifles en sus manos» y estaban «acostumbrados a todos los trucos y artimañas de la estrategia de guerra india y probablemente podrían causar más daño a los salvajes, al luchar contra ellos a su manera, que cualquier otro grupo de hombres». Con retratos de este estilo, los *cowboy* pasaron a transformarse en algo más que una simple banda de asaltantes de la Revolución americana. Sin embargo, lo que definitivamente cambió la percepción pública del vaquero y promovió el aumento del número de publicaciones sobre esta nueva raza de jinetes fue la creciente importancia de la industria ganadera y la trashumancia de ganado en el suroeste de los Estados Unidos.

En los años posteriores a la guerra de Secesión (1861-1865), América fue testigo de un crecimiento notable en la demanda y producción de carne de vacuno. Esto se refleja principalmente en el Censo Nacional de Agricultura, que registró un aumento del 52 % en la existencia de ganado (vacas lecheras no incluidas), de catorce millones en el año 1860 a más de veintidós millones en 1880, en todos los territorios de EE. UU. Y, aunque la industria no floreció de inmediato en ciertos lugares como Idaho, Nuevo Méjico o Utah, otros estados disfrutaron de un auge considerable en ese periodo. Sobre todo, fue a partir del año 1867 en los estados de Tejas y Kansas cuando la demanda se incrementó y la atención nacional recayó sobre la figura del vaquero.

Ese año, 1867, es particularmente importante porque fue el año en que el hombre de negocios Joseph McCoy convenció al Ferrocarril del Pacífico de Kansas para establecer un corral para la venta y transporte de ganado en la ciudad de Abilene, Kansas. Hasta ese momento, el ferrocarril había estado totalmente ausente en esa parte del país, pero ahora, disponible, cualquier emprendedor tenía la oportunidad de usar la red de trenes para enviar sus productos desde el estado occidental de Kansas hasta la costa este. Joseph McCoy, el hombre

Joseph McCoy [*Historic Sketches of the Cattle Trade of the West and Southwest*, 1874].

que negoció el proyecto, fue el primer empresario en hacerlo y, mediante el uso de la publicidad, procedió a ofrecer a rancheros tejanos la posibilidad de conducir su ganado desde los territorios sureños hasta la ciudad de Abilene y aprovechar uno de los pocos recursos que quedaban en abundancia en Tejas después de la guerra de Secesión: las vacas de la raza bovina Longhorn. No fue la primera trashumancia en la historia del continente norteamericano: casi trescientos años antes, la actividad se había registrado en Méjico en las «Ordenanzas de la Mesta de la Nueva España, aprobadas por el virrey don Martín Enríquez» (25 de enero de 1574). Tampoco fue la primera de la historia de EE. UU., ya que en el siglo XIX se habían llevado a cabo otras en territorios como California, Iowa y Florida. Pero la trashumancia de 1867 fue significativa, simplemente, porque fue la que causó una poderosa impresión en la imaginación del público estadounidense.

Esa impresión es evidente en periódicos como el *Richmond Dispatch*, que publicó un artículo el 22 de noviembre de 1867 titulado «La historia de un especulador de ganado». El escrito trata el crecimiento de la empresa de Joseph McCoy en Kansas y del corral de almacenamiento y envío que preparó con los medios para cargar un tren de cuarenta vagones en dos horas. También explica cómo McCoy conmemoró la ocasión del primer envío invitando a los comerciantes de ganado, empacadores de carne y funcionarios ferroviarios a un festín, que se llevó a cabo dentro de una gran carpa el 5 de septiembre. En las palabras del autor del artículo, tan exitoso fue el negocio que, para el 24 de septiembre, la carpa original ya no estaba y en su lugar había…

… un hermoso hotel de tres pisos, pintado de un delicado color madera, con grandes persianas venecianas en las ventanas, paredes con un acabado de yeso; hermoso alojamiento para ochenta huéspedes en régimen de cama y comida y la posibilidad de alimentar tres veces ese número en mesas bien distribuidas (...); detrás del hotel hay un gran establo para los caballos de los arrieros, para la organización del viaje de regreso (...). Y cerca del hotel pronto se levantará una gran tienda, con todo lo que un tejano puede necesitar, desde beicon y harina hasta revólveres, chales y gorros. Y aquí están los arrieros, los tipos idénticos que vi por primera vez en la batalla de Fair Oaks y por última vez en Gettysburg.

Cada uno de ellos, sin duda, estaba en el ejército rebelde. Algunos de ellos aún no han usado toda su distintiva indumentaria gris. Hombres de aspecto agudo, llenos de fuerza reservada, con el pelo desgreñado, indudablemente terribles en una pelea, pero pacíficamente buenos en el manejo del ganado y no demostrativos en su estilo de usar la pistola de seis tiros. Algunos de ellos están pagando «precios de rebaja» por ropa confeccionada (...). Estos rebeldes se están reconstruyendo rápidamente.

Confederate camp, Warrington Navy Yard, Pensacola, Florida. Compañía B del 9.º Rgto. de Infantería del Misisipi (1861) [J. D. Edwards, Library of Congress]

Cargando ganado en Langtry, Tejas. S.f.
[The Portal to Texas History, Cattle Raisers Museum].

El ganado que condujeron aquí está pastando por todo este magnífico valle bajo el cuidado de los pastores (...); mírelos mientras caminan por la hierba y vea su redondez y brillo del mercado de Fulton. Con dificultad doy crédito a la declaración de que hay 25 000 cabezas aquí ahora, esperando el envío. Sin embargo, aquí están, y se sabe que 10 000 más están de camino hacia aquí, y 50 000 completas habrán llegado al final de la temporada... y dicen que 200 000 cabezas de ganado seguramente estarán aquí el próximo año para la venta.

Como historiador, puede ser difícil saber cuándo relatos de los testigos presenciales registran información precisa. En el texto del *Richmond Dispatch*, por ejemplo, el número de cabezas de ganado citado no coincide del todo con otros informes históricos (que indican un número total en 1867 más cercano a las 35 000 cabezas), pero la publicación es

Matador Trail Herd on the Move, Texas (Erwin E. Smith, 1910) [Library of Congress; Amon Carter Museum of American Art, Fort Worth, TX].

interesante porque logra captar correctamente la magnitud de las trashumancias de ganado que llegaron a Kansas en aquel periodo, así como el aumento anual en las ventas. Más importante aún, el artículo es uno de los primeros textos que presentan el arquetipo en el que se basan las interpretaciones modernas de los vaqueros: el *cowboy* tejano.

A lo largo de la década de 1870, la trashumancia siguió creciendo y, gracias a ese crecimiento, el peludo y feroz jinete, armado con pistola de seis tiros, se convirtió en el enfoque principal de muchos artículos relacionados con la industria ganadera de Tejas y Kansas. Durante este periodo, a veces, los periódicos introdujeron ligeros cambios en la apariencia y el carácter del vaquero, pero, por lo general, el patrón principal seguía siendo lo mismo. Seis años después de la primera trashumancia a Abilene, un articulista del *Daily Journal of Commerce* repitió la asociación entre el vaquero y su pasado de la guerra de Secesión, indicando, en su texto del 19 de junio de 1873: «[era] originalmente un ranchero tejano o un soldado de caballería confederado. En algunos casos, [los *cowboys*] con los que me reuní habían sido ambos». En las interpretaciones modernas del vaquero, la relación entre los vaqueros tejanos y los rebeldes confederados no suele representarse, pero declaraciones de este tipo eran realistas: durante décadas, la sociedad tejana había dependido del trabajo de los esclavos, hasta que la guerra civil interrumpió la economía agrícola.

Aparte de repetir la asociación entre la guerra de Secesión y el arriero, la publicación del *Daily Journal of Commerce* también contenía descripciones parecidas al texto del *Richmond Dispatch* con respecto a la apariencia de un vaquero. Según el artículo, la vestimenta del *cowboy* consistía en (además de un conjunto de ropa sucia) botas pesadas de cuero sin curtir, calzas de cuero, un sombrero español, un cinturón que sostenía un gran revólver azul marino y un cuchillo carnicero. Estas observaciones también coincidieron con las del *St. Louis Globe-Democrat* en su artículo del 21 de diciembre de 1877 titulado «Cómo se lleva a cabo el negocio», que relataba que el vaquero (que iba vestido toscamente) viajaba con espuelas mexicanas, un sombrero mexicano de ala ancha decorado con una serpiente plateada, un revólver de seis tiros y, ocasionalmente, un telescopio para distinguir marcas de ganado a distancia. Pero aquí también hubo un ligero cambio en la interpretación; de las posesiones mencionadas, la publicación dedicó varias frases a la descripción del revólver, que iba sujeto a la cintura del arriero con la ayuda de una combinación funda-cinturón y puesto de tal forma que el mango del arma sobresalía por debajo de la ropa: «listo para ser usado cuando la ocasión lo requiera».

El *Chicago Tribune*, en un artículo del 18 de febrero de 1882 con el título «Sobre los vaqueros», no se desvió mucho de las descripciones del pasado y precisó que el vaquero solía llevar un sombrero blanco con un cordón dorado decorativo y borla, botas altas con espuelas mexicanas tintineantes, pantalón de cuero, camisa de lana y, a veces, un abrigo. Pero, aunque no se alejó mucho de las descripciones físicas del *cowboy*, la aportación es llamativa ya que gran parte del texto

William Mahone (1826-1895), general rebelde del
Ejército de los Estados Confederados de América.

Working cowboy, ca. 1934 [Library of Congress].

276

trata sobre la fuerte relación entre el arriero tejano y la violencia. En lugar de identificar el vaquero como una especie de pastor que viajaba desde Tejas con el propósito de entregar ganado a la sede de la industria en Kansas, el *Chicago Tribune* definió al *cowboy* como...

> ... un terror en la frontera y vinculado (...) inseparablemente con la historia de todos los nuevos pueblos ganaderos del Oeste. Su osadía temeraria y su diablura han marcado para él una página distinta y sorprendente en la historia de la frontera. Después de que una nueva ciudad ha tenido un buen comienzo y comienza a florecer, solo necesita una incursión de vaqueros para abrir un cementerio de primera clase y bien abastecido. El vaquero no tiene esperanzas en el cielo ni miedo al infierno.

El artículo continúa haciendo referencia a borracheras incontrolables, a una incursión en la ciudad de Wichita y a un tiroteo violento en ciudad de Abilene, hechos que se produjeron cuando los vaqueros decidieron gastar su dinero recién ganado en licor, el «crimen líquido» de los salones y bares de la frontera. La misma clase de caracterizaciones también está presente en el *Kansas City Times*, que expone cómo el *cowboy*, recién pagado, dividía su atención entre los salones de baile, el bar, la casa de juego y los burdeles. Según la publicación, titulada «Apuntes de ocio de un ganadero» (7 de junio de 1873), ese tipo de salidas, a menudo, se convertían en motivo de tragedia, ya que...

> En cualquiera de estos lugares, una afrenta o un desaire, real o imaginario, es motivo suficiente para que saque uno o más obuses de montaña, que invariablemente se encuentran atados a su persona, y proceda a repartir la muerte en dosis ininterrumpidas a tantos como puedan estar al alcance de sus pistolas, ya sean verdaderos amigos o enemigos, no importa, su ira y mal *whisky* lo impulsan a cometer actos de san-

gre y muerte; (...) la conducta salvaje e imprudente del vaquero mientras está borracho, conectada con la de los inútiles renegados del norte, ha desacreditado al personal del comercio de ganado de Tejas y ha llenado muchas tumbas con víctimas, hombres buenos y malos, en los pueblos de Abilene, Newton, Wichita y Ellsworth.

Actos de mala conducta vaquera también llegaron a aparecer en los testimonios de ganaderos famosos. Un ejemplo notable proviene del arriero Andy Adams, cuyas memorias (*The Log of a Cowboy*, 1903) incluyeron la descripción de una «noche en la ciudad» y un desacuerdo que surgió entre el portero de un bar y uno de los vaqueros de su grupo. El relato autobiográfico termina con una pelea rápida, amenazas con pistolas y una fuga brusca entre disparos y, aunque siempre quedará la duda de si las historias de este estilo se aventuran en la inexactitud al incluir adornos, es otra muestra de un abanico de publicaciones que, en el apogeo de las

In Without Knocking [Charles Marion Russell, 1909].

trashumancias, comenzaron a referirse a los *cowboy* como un grupo de pistoleros sin ley, haciendo que el vaquero tejano asumiera la personalidad de un hombre salvaje que se rodeaba de los estafadores y las prostitutas.

El hecho de que haya tantos testimonios, relatos de tiroteos históricos y muestras de mala prensa acerca del «terror» de la frontera sugiere que hubo al menos algunos lectores del siglo XIX que llegaron a asociar a los vaqueros con rebeldes confederados, borrachos, jugadores, pistoleros y forajidos. Lo curioso es que, objetivamente, aquellas publicaciones que describían al arriero como un elemento disruptivo no eran exageraciones totales. En la historia de los Estados Unidos, los *cowboy* participaron e instigaron varios episodios violentos bien conocidos entre 1870 y la década de 1880, entre ellos:

— El tiroteo en Hyde Park (Kansas, 19 de agosto de 1871).
— El tiroteo de Blazer's Mill (Nuevo Méjico, 4 de abril de 1878).
— El tiroteo en el Variety Hall (Nuevo Méjico, 22 de enero de 1880).
— El tiroteo de Hunnewell (Kansas, 21 de agosto de 1884).
— El tiroteo de Frisco (Nuevo Méjico, 1 de diciembre de 1884).

En respuesta a los conflictos que los vaqueros podrían provocar, múltiples ciudades en el Oeste crearon leyes para prevenir tiroteos y actos violentos, como las que prohibían la posesión de armas de fuego dentro de los límites del territorio. En el caso de importantes pueblos ganaderos como Abilene o Ellsworth, a mediados de la década de 1870, las autoridades locales llegaron hasta a prohibir la trashumancia para acabar con el desorden. No obstante, a pesar de la abundancia de asociaciones negativas que el vaquero cultivó a lo largo de los años, el hecho de que una versión más valiente y noble de la figura histórica rivalizara con la narrativa del «terror en la frontera» implica que hubo cierto desacuerdo con respecto al verdadero carácter del *cowboy* americano.

William Frederick Cody, Buffalo Bill (1846-1917) [Burke & Koretke, ca. 1892;
Buffalo Bill: His Family, Friends, Fame, Failures and Fortunes (Yost, N. S.; 1979), PD].

EL VAQUERO REIVINDICADO

William Frederick Cody, conocido en el mundo como Buffalo Bill, fue un autoproclamado «luchador indio», hombre de la frontera, explorador del ejército de los Estados Unidos, cazador de búfalos, minero, conductor de diligencias y dramaturgo que armó uno de los primeros y más importantes espectáculos del lejano Oeste en la historia de Estados Unidos. Desde 1883 hasta principios del siglo XX, las exposiciones de Buffalo Bill introdujeron al público a nivel internacional en un espectáculo que idealizaba el viejo Oeste y que incorporaba (según el *Rock Island Argus*, 23 de octubre de 1883) «indios, búfalos, caballos coceadores, vaqueros de Tejas, lanzamiento de lazo, equitación maravillosa, puntería maravillosa... y, de hecho, todo lo que forma la escena del lejano Oeste». El espectáculo impresionó tanto en los Estados Unidos como en Europa, como atestiguan reseñas como la del *Morning Journal Courier* (27 de julio de 1883), que destaca el poderoso efecto que los búfalos y novillos tenían en la audiencia, así como las persecuciones dramáticas entre vaqueros e indios americanos, que «solo necesitaban el escenario de la pradera o el canon de las Montañas Rocosas para hacerlo realidad». En medio de su incipiente éxito, Buffalo Bill concedió una entrevista al *Aberdeen Daily News* (30 de junio de 1887) para contradecir específicamente la notoriedad violenta y sórdida con la que se había vinculado a los vaqueros:

> Me gustaría mucho decir unas palabras respecto a un tema que lamento mucho que se entienda en la proporción inversa en que se discute. Me refiero a ese espécimen único de la humanidad, el vaquero de hoy. Para ser breve, como buen vaquero, tomaré el toro por los cuernos y estableceré el axioma, de una vez por todas y de la manera más enfática, de que un vaquero no es un canalla; es más, en nueve casos de cada diez es

Buffalo Bill (izqda.), junto al Gral. Miles y los capitanes Baldwin y Moss en Pine Ridge, Dakota del Sur, el 16 de enero de 1891 (apenas dos semanas después del levantamiento de los cadáveres de Wounded Knee) [History Nebraska].

Cartel del espectáculo «Buffalo Bill's Wild West and Pioneer Exhibition» (1907) [Harry Ransom Center, The University of Texas at Austin].

mejor que sus compañeros, más especialmente porque en nueve casos de cada diez sus compañeros son descendientes de una civilización decadente. Tiene ciertos atributos que lo encomiendan a la creación. Es varonil, generoso y valiente. No es simplemente una criatura impulsiva, sino que usa los dones que le dio su Creador con una discreción que bien podría ser copiada por más de nosotros.

En las presentaciones en vivo del espectáculo del lejano Oeste, estrellas como el «rey de los vaqueros» Buck Taylor o Johnny Baker, el «niño vaquero», asumieron papeles relevantes y, bajo la dirección de Buffalo Bill, el arriero tejano renació como el valiente héroe de la frontera. Por supuesto, esto no quiere decir que Bill gastase toda su energía en rehabilitar la imagen pública del *cowboy*, ya que gran parte de los escritos y producciones del dramaturgo fueron de naturaleza autopromocional. Lo que sí significa es que fue un elemento clave en la producción de un «espectáculo novedoso» (según el *Rock Island Argus Argus*, 23 de octubre de 1883) que cientos de miles de espectadores experimentaron; un espectáculo en el que el vaquero fue un protagonista central que siempre salvaba el día.

Buffalo Bill tampoco fue el único en idealizar a los vaqueros. El 4 de noviembre de 1887, por ejemplo, el *Kinsley Graphic*, el *Columbus Telegram* y el *Milford Nebraskan* citaron al futuro presidente Theodore Roosevelt y su opinión acerca del *cowboy* y su famosa reputación. Él mismo había vivido como ganadero y explicó que ese personaje conocido había sido «escandalosamente tergiversado en los periódicos» y que algunos de ellos eran los «hombres más valientes y mejores en todo lo que concierne a la masculinidad». Otros artículos, cuyos títulos pueden traducirse como «El vaquero reivindicado» y «La verdad sobre los vaqueros», aparecieron en el *Chicago Tribune* (28 de abril de 1889) y en el *Kansas City Times* (29 de enero de 1891) y exoneraban al vaquero, describiéndolo en términos brillantes o en una luz aventurera.

Vaqueros afroamericanos durante la Feria Estatal Negra, Bonham, TX (Erwin E. Smith, 1911) [Amon Carter Museum of American Art, Fort Worth, TX].

De este tipo de publicación, un artículo titulado «El vaquero, antes y ahora», publicado en el diario impreso *St. Louis Globe-Democrat* (18 de noviembre de 1884), presenta una interpretación particularmente interesante. Comienza con la sátira, haciendo referencia (y luego ridiculizando) a las descripciones melodramáticas del «hombre m-a-l-o», andrajoso, imprudente, bebedor de sangre, que comía fuego, escupía nieve y se dedicaba a llenar cementerios. A través de la exageración, desacredita la representación del vaquero asesino y continúa su discurso identificando a la figura histórica como una clase de «occidentales que habían dedicado su vida a montar caballos salvajes y perseguir a las festivas bovinas Longhorn de un lado a otro de su páramo nativo». Además de desestimar los cuentos sangrientos de las travesuras de los vaqueros, la publicación alude a las características ideales y atrevidas de la vida en el Oeste. Describe los largos y solitarios paseos a través de onduladas praderas, la emoción de los rodeos, los escapes peligrosos de los indios, cálidas fogatas bajo cielos estrellados y una vida entre mil colinas cuidando ganado.

En general, el artículo es una reevaluación positiva del arriero tejano, pero lo que es único acerca de este texto en particular, sin embargo, es que también se comprueba a sí mismo y cuestiona la veracidad de esas historias de vaqueros aventureros. Esta súbita duda en el carácter romántico del *cowboy* surge en el momento en que el escritor visita una sala de exposiciones local y asiste a una sonata de Beethoven interpretada por una banda de vaqueros itinerante. El escrito se dedica a detallar cómo, en aquella ocasión, los vaqueros no eran ni maleantes ni gallardos héroes, sino simples músicos que tocaban con delicadeza una bella música. Pero, antes de que el lector tenga la oportunidad de digerir la idea de que un *cowboy* podría ser algo más que un estereotipo dramático, el texto introduce el apunte de que, durante el concierto, el líder de la banda había dirigido al grupo usando su revólver plateado como una batuta. La imagen que propone es divertida, sin duda, pero esto plantea una dificultad, ya que, una vez más, no hay forma de saber cuánto de la escritura se basó en la realidad y cuánto en la vívida imaginación del autor.

Tom King, vaquero matador, bebiendo «natural» de un manantial... (Erwin E. Smith, 1905) [Amon Carter Museum of American Art, Fort Worth, Texas].

MÁS ALLÁ DEL SOMBRERO Y LAS ESPUELAS

La oscilación decimonónica entre caracterizar al vaquero como un villano inmoral o, alternativamente, como un aventurero idílico es confusa, pero hay más de una forma de corroborar las representaciones del pasado. Para la década de 1850, la fotografía ya no era una rareza y, entre las fotografías de esa época y los informes escritos que pormenorizan sus descripciones físicas, hay pocas dudas sobre el aspecto peculiar del vaquero. Las interpretaciones modernas que vemos en el cine y la televisión pueden variar hasta cierto punto en términos de precisión histórica, pero está claro que elementos como revólveres, botas, sombreros y chaparreras formaron parte universal del uniforme.

Las fotografías también ayudan a confirmar un detalle concreto que muchos periódicos del siglo XIX mencionaron con frecuencia con respecto a la moda vaquera, que es el uso de ítems de origen español o mejicano, como las espuelas y

Deputy sheriff at county fair, Gonzales, TX. 1939 [Russell Lee, Library of Congress].

los sombreros. Con el tiempo, estos artículos fueron sustituidos por productos fabricados en los Estados Unidos (como el sombrero tipo Stetson), pero, para el historiador, el uso original de la vestimenta es significativo porque alude a que muchas características del *look* vaquero fueron heredadas de las culturas de Méjico y España. Elementos adicionales, más allá del sombrero y las espuelas, también sirven para verificar esta herencia; la palabra inglesa para los pantalones de montar, *chaps*, sin duda fue abreviada de la palabra «chaparreras». El *lasso* de cuerda que los vaqueros empleaban para atar el ganado seguramente provino de la palabra española «lazo», e incluso los nombres que a veces se usaban como sinónimos de vaquero, como *buckaroo, buckayro* y *baquero* —según la Biblioteca del Congreso de los Estados Unidos— sugieren un origen español. Estos detalles, en combinación con el conocimiento de que los rodeos y trashumancias existieron en territorios mexicanos siglos antes de que Tejas pasara a formar parte de los Estados Unidos, pueden permitirnos concluir que el vaquero fue una figura que se encontró en medio de un auge industrial y que, al haber vivido en un territorio influenciado por la tradición, adoptó prácticas españolas y mejicanas para aprovecharlo.

En lo que respecta a las actividades del vaquero, la fotografía del siglo XIX confirma en cierta medida los informes sobre la vida en el campo abierto, pero, en general es más común encontrar retratos particulares que registros fotográficos de trashumancias. Dado que las imágenes históricas disponibles no logran comunicar del todo la experiencia del vaquero en el sendero, la mayor ayuda para aprender cómo era el verdadero *cowboy*, en esta circunstancia, proviene del propio arriero. Si bien los artículos periodísticos descriptivos y la literatura, a menudo, hacen amplias generalizaciones, son las observaciones personales de los vaqueros renombrados las que brindan la perspectiva más histórica.

Un documento particularmente revelador proviene del vaquero George Duffield. Un año antes de que Joseph McCoy construyera su corral en Kansas, George Duffield viajó a

Tejas en 1866 para comprar ganado y llevarlo al estado de Iowa. De regreso a su estado natal, Duffield escribió un diario donde registró los problemas, peligros y eventos notables que presenció durante el largo viaje, de más de 1500 kilómetros. Sus entradas incluían lo siguiente:

— *13 de mayo. Hubo una gran tormenta eléctrica anoche. Sufrimos una estampida y perdimos cien cabezas de ganado. Buscamos todo el día y encontramos cincuenta. Estamos todos cansados. Todo es desalentador.*
— *14 de mayo. Concluí cruzar el río Brazos. Nadamos con nuestro ganado y caballos y construimos una balsa y transportamos nuestras provisiones y mantas y cobijas. Nadamos en el río con una cuerda y luego tiramos de la carreta; perdimos la mayoría de nuestros muebles de cocina, como teteras, cafeteras, tazas, platos, cantimploras...*

Ganado de Montana dejando las Badlands tras una fuerte ventisca (Evelyn Cameron, 1904) [Amon Carter Museum of American Art, Fort Worth, Texas].

— *15 de mayo. Estamos de vuelta en el río para traer el carro. Estamos buscando los bueyes y otras propiedades perdidas. La lluvia cayó durante una hora. No para de llover. Juntamos todas nuestras trampas que no se habían perdido y pensamos que estábamos listos para la noche oscura y lluviosa, todo el ganado nos dejó y en la mañana no se veía ni un solo buey.*

— *18 de mayo. Todo es tétrico, nos dejaron cuatro de nuestros mejores trabajadores...*

— *23 de mayo. Hubo una fuerte lluvia en la noche y el ganado se portó muy mal, corrieron toda la noche. Estuve en mi caballo toda la noche y estaba lloviendo mucho. Me alegré de ver llegar la mañana. Conté y descubrí que no habíamos perdido ninguno por primera vez. Me siento muy mal.*

— *31 de mayo. El asunto es hacer nadar el ganado. Trabajamos todo el día en el río y al anochecer conseguimos los últimos bueyes sobre el agua y ahora estoy fuera de Tejas. Este día será recordado por mucho tiempo por mí. Hubo uno de nuestro grupo que se ahogó hoy y varios escaparon por poco y yo entre el número.*

— *1 de junio. Hubo una estampida anoche entre seis rebaños y una confusión general y pérdida de bueyes. Buscamos ganado de nuevo. Los hombres están todos cansados y quieren irse. Estoy en un país indio y me molestan, creo que asustan al ganado para que les paguen por recogerlos.*

— *12 de junio. Había lluvia fuerte y viento. Hubo una gran estampida y aquí estamos entre los indios con ciento cincuenta cabezas de ganado desaparecidas. Buscamos todo el día bajo la lluvia y con poco éxito. Los días oscuros son estos para mí. No tenemos nada más que pan y café, los trabajadores me están gruñendo y maldiciendo.*

— *27 de junio. Mi espalda está llena de ampollas debido a la exposición prolongada. Mientras estaba en el río... fui atacado por un buey y pude escapar por poco de ser lastimado al zambullirme en el agua.*

A lo largo de la trashumancia, George Duffield tuvo que lidiar con estampidas, cruces de ríos, la amenaza de ataque o sabotaje de las tribus indígenas americanas locales, el clima frío y lluvioso, el hambre, la falta de sueño, la fatiga, la enfermedad, las lesiones y la pérdida de trabajadores (ya fuera por abandono o por muerte). El diario pinta un panorama sombrío de la vida del vaquero, donde cada día que pasaba presentaba un nuevo peligro. Y, aunque el relato es particularmente dramático, lo que hace que el texto sea creíble es el tono de las observaciones, que son secas y sin adornos. Duffield no escribe para escandalizar o emocionar al lector; simplemente, intenta marcar su progreso y las principales dificultades que enfrenta en el camino hacia su destino final.

Otros conocidos autores *cowboy* no pintan una visión tan cruda de la miseria. En lugar de limitar sus observaciones a las dificultades cotidianas de una trashumancia singular, sus escritos incluyen reflexiones autobiográficas que giran en torno a toda su carrera y, aunque estas anécdotas no siempre son reveladoras con respecto a las realidades de la vida en el sendero, facilitan información sobre aspectos de la vida vaquera que se asocian con las interpretaciones populares

Roping gray wolf. Unos vaqueros alcanzan con la cuerda a un lobo gris en un arreo de ganado, en Wyoming (John C. H. Grabill, 1887) [Library of Congress].

del siglo XX. Un buen ejemplo es el del *cowboy* cantante que la celebridad de la radio Gene Autry explotó a lo largo de su carrera. Tanto *Circle Dot*, de Milford Hill Donoho (1907); como *A Texas Cow Boy*, de Charles Siringo (1886); como *We Pointed Them North* (1955), de Teddy Blue Abbott, describieron cómo el canto era una práctica que una gran parte de los arrieros empleaban para ayudar a desalentar las estampidas o para encontrarse en un rebaño (a diferencia de una actividad para evitar el aburrimiento o un hábito que surgió simplemente como resultado de un carácter jovial).

Sin embargo, incluso si el contenido de estos escritos no era tan sombrío como los de vaqueros como George Duffield, los autores *cowboy* reconocían la falta de sueño, el clima severo, las dificultades para controlar el ganado, así como los riesgos generales que un vaquero enfrentaba en campo abierto. Describieron con minuciosidad el estado de alerta constante y la determinación que un vaquero necesitaba para guiar a sus cargas a sus destinos finales; y, a través de sus experiencias colectivas, el lector puede apreciar que, ya sea que el vaquero fuera de buen o de mal carácter, los hombres que recorrieron el sendero debían tener el temperamento, la resistencia y la resiliencia para soportar las duras condiciones. Siendo la vida del vaquero así, sería natural suponer que una profesión con peligros y exigencias tan notables proporcionaría una compensación económica suficiente para justificar cada trashumancia. Para George Duffield, de hecho, obtener ganancias fue precisamente el propósito detrás de los meses de viaje que lo llevaron de Tejas a Iowa, así como para aquellos vaqueros tejanos que recorrieron por primera vez el camino a Abilene, Kansas, en 1867. Aun así, muchos vaqueros durante el auge de la industria ganadera encontraron otra dificultad que acompañaba al clima severo y al trabajo físicamente exigente: salarios bajos.

El vaquero John Sullivan, quien ganó cierto grado de fama bajo el nombre artístico «Broncho John» en los espectáculos del lejano Oeste, señaló las considerables dificultades financieras que enfrentaban muchos arrieros en una entrevista que fue incluida en el artículo «El vaquero valiente», aparecido en periódicos como el *White Cloud Review* (25 de marzo de 1886). Según sus palabras...

El salario medio de un vaquero, tomando como referencia el trabajo en las sierras norte y sur, no excederá de veinticinco dólares al mes. Muchos de los vaqueros tienen sus propias familias, o quizás padres u otros parientes, a quienes mantener. Por ningún posible golpe de fortuna un vaquero puede tener más de seis meses de trabajo al año en las praderas. El promedio está por debajo de eso, especialmente en Wyoming y Montana. Sus raciones, harina de maíz y beicon, las compran los ganaderos. El principal gasto personal del vaquero es el tabaco, sin el que se siente incapaz de arreglárselas, y le costará cinco dólares al mes. Entonces, admitiendo que tiene trabajo para seis meses, se lleva a casa ciento veinte dólares para mantenerse, y probablemente a otros, durante los largos y rigurosos inviernos del gran oeste...

«Un vaquero del rancho xit junto a la hoguera, liando su cigarrillo de la hora de acostarse (...). El ganado está acostado y su caballo atado...». Nuevo Méjico, ca. 1908 [Erwin E. Smith; Amon Carter Museum of American Art, Fort Worth, tx].

Como en los textos escritos por los autores vaqueros Duffield, Siringo, Donoho y Abbot, John Sullivan revela cómo los arrieros tenían que lidiar constantemente con estampidas, cruces de ríos, incendios de praderas, tribus de indios americanos y ladrones de ganado, mientras hacían todo lo posible para proteger al ganado y asegurar que llegaba a su destino en mejor estado que cuando salió (y todo por un pago anual de ciento veinte dólares). Según Sullivan, los salarios tan bajos eran insuficientes para que un hombre y su familia pudieran vivir, pero los vaqueros que pedían aumentos, a menudo, fueron despedidos y posteriormente incluidos en una lista negra entre la comunidad de ganaderos. Es decir, los *cowboy* compartían los mismos problemas que miles de trabajadores explotados en los Estados Unidos y la motivación para seguir ese estilo de vida existía solo si la oportunidad de ganarse la vida era una opción realista.

En fin, lo que muestra la suma de estas observaciones personales es que el vaquero estadounidense no era el vagabundo independiente idealizado ni la fuerza explosiva de la violencia que tantas publicaciones habían transmitido en la segunda mitad del siglo XIX. Más bien, eran hombres que esperaban prosperar usando sus habilidades y las bondades de la tierra. Los arrieros cuyas historias llegaron a la imprenta brindan una comprensión más íntima de las dificultades del trabajador rural y permiten al lector ver que, mientras el mito del hombre indomable se convirtió en el emblema del viejo Oeste, los verdaderos vaqueros soportaron las adversidades con la esperanza de ganar un salario en un tiempo de reconstrucción.

Es difícil saber si las realidades del vaquero alguna vez eclipsarán las interpretaciones populares que inspiraron página tras página de aventuras, llenaron horas de radio con canciones e iluminaron la pantalla de cine con disparos. Desde el instante de su primera aparición impresa, alguna versión del *cowboy* —ya sea héroe o terror, rebelde confederado u hombre común— siempre ha rivalizado con las verdades históricas detrás del famoso jinete. Lo que hace saber qué versión es real y cuál resulta más confusa es que, en la historia del salvaje Oeste, había vaqueros que inspiraban miedo, como el forajido Butch Cassidy, y otros, como Charles Siringo, que actuaban como héroes, y en medio de los dos extremos estaban los jugadores viciosos, rancheros violentos, admirables jinetes y joviales cantores. Ha habido hombres cuyas acciones, en un momento u otro, reflejaron las caracterizaciones exageradas de los arrieros que aparecían en las obras de ficción. Quizás, entonces, la clave no sea tanto negar a los vaqueros de leyenda su lugar en la historia, sino aceptar las distintas interpretaciones que existieron a lo largo del salvaje Oeste como una faceta folclórica del periodo. Quizás no hubo solo uno, sino dos vaqueros en la frontera: el que marchó de Tejas a Kansas en busca de oportunidades y el que condujo su caballo a través de la prensa y la lente de la cámara, coloreado por las pinceladas de la imaginación americana.

A family group sitting in the shade of a tree behind their covered wagon...
Rancho Three Block, Nuevo Méjico, ca. 1909 [Erwin E. Smith; Amon Carter Museum of American Art, Fort Worth, Texas].

IX
EL FIN DEL SALVAJE OESTE

Para el superintendente del censo de los Estados Unidos, la frontera dejó de existir en los últimos años del siglo xix. Específicamente, es el censo de 1890 el que detalla cómo las áreas anteriormente no pobladas del oeste americano han sido «tan penetradas por cuerpos de asentamientos aislados que difícilmente se puede decir que haya una línea fronteriza» y que la migración de la población de los Estados Unidos ya no tiene ningún lugar en los informes oficiales. Lo que había comenzado con el Tratado de París de 1783 —un acuerdo que empujó los límites de los Estados Unidos hasta el río Misisipi— y seguido con la compra, en 1803, de 2 140 000 km² de tierra que extendieron los límites del país hasta el territorio de Colorado, finalmente, se vio coronado por descubrimientos que impulsaron a miles de personas a la costa del Pacífico en busca de oro. Para 1890, el ferrocarril transcontinental llevaba completado más de veinte años y la gran mayoría de las líneas estatales que aparecen en un mapa moderno de los Estados Unidos ya se habían trazado.

No obstante, a pesar de que Estados Unidos había avanzado y se había expandido a lo largo de un siglo, tanto que el Gobierno ya no sentía que existiera una frontera, determinar cuándo terminó realmente el «salvaje Oeste» no es tan simple como mirar una declaración del superintendente del censo. De hecho, las facetas del siglo xix más frecuentemente asociadas con el periodo —tiroteos, guerras indias, disputas de juegos de azar, etc.— siguieron formando parte de la vida occidental durante las próximas décadas. Personajes notables

"We don't mind how *rough* it is...what's the *shortest* road?"

One of the great thrills in driving your new Plymouth is discovering that *you're* the master of where you're going . . . not the road!

The reason is Plymouth's new *Torsion-Aire Ride* — exactly the same luxury suspension system you get in cars costing $6000 and up! Plymouth *Torsion-Aire Ride* puts bumps out of business . . . floats you easily over any road . . . lets you glide around turns without sidesway or lean . . . stop without nose-dive or dip.

It's a ride that's made for roaming. Free forever from bounce or jounce. you'll find yourself exploring interesting new roads . . . ranging colorful, traffic-free byways on your vacation trips!

And *only* Plymouth brings you *Torsion-Aire* comfort in the low-price 3 ! Try it today ! Compare "all 3." Join the thousands who've picked a winner in Plymouth!

Today... try *Plymouth* Torsion Aire...the ride that's 3 years ahead

Publicidad del modelo Torsion Aire Ride de la
marca de coches Plymouth, año 1957.

296

como la buscadora de fortuna Belinda Mulrooney o el estafador Soapy Smith se dirigieron al norte en 1897 para encontrar su parte de oro a lo largo de la frontera de Alaska y Canadá. La «reina de los bandidos» Pearl Hart robó su primera (y única) diligencia en 1899, al mismo tiempo que el notorio Butch Cassidy de la pandilla del «Agujero en la Pared» estaba robando trenes, mientras que otros forajidos famosos como Henry Starr continuarían con su vida de crimen hasta 1921.

En muchos sentidos, las acciones de estas figuras históricas difieren poco de las de hombres y mujeres que habían experimentado el oeste décadas antes, y, aunque los hallazgos del censo del año 1890 pudieran exponer la realidad de que la población de los Estados Unidos se había extendido por todo el continente, el cambio de un periodo histórico a otro no fue determinado por un informe del censo. Más bien, lo que separa al periodo del salvaje Oeste de la historia más contemporánea no es un solo año, sino una serie de eventos que marcaron la modernización de los Estados Unidos y la eliminación gradual de algunas de las expresiones más características de la vida en la frontera.

EL FIN DE UNAS COSAS Y
EL PRINCIPIO DE OTRAS

Muchos de los aspectos del salvaje Oeste empezaron a desvanecerse a principios del siglo xx. Un ejemplo clave fue el fin de los importantes descubrimientos de oro en los territorios occidentales de los Estados Unidos, que había sido uno de los principales motores de la migración hacia la frontera. El último descubrimiento notable tuvo lugar en Alaska a principios de siglo y, aunque ciudades norteñas como Nome experimentaron el efecto completo de la «fiebre del oro» entre 1899 y 1909, cuando desapareció el oro, un estilo de vida que giraba en torno a la prospección, el polvo de oro, los derroches, los juegos de azar y el oportunismo comenzó a formar parte del pasado. Hallazgos de oro más pequeños ocurrieron ocasio-

La Ley de Prohibición Nacional de 1919 vedó la fabricación, el transporte y la venta de bebidas alcohólicas en EE. UU. Los bares y salones que no la acataron vieron sus puertas *adornadas* con carteles como este (1929) y fueron clausurados.

nalmente en el siglo xx, pero ninguno igualó el impacto de los que habían sucedido décadas antes en los territorios de California, Dakota del Norte, Colorado, Montana o Alaska.

Un segundo componente de la vida occidental que también se acabó fue la relevancia de los salones y cantinas en las ciudades estadounidenses. Durante las primeras décadas del siglo xx, los grupos de temperancia a favor de la prohibición del licor (como la Liga «Anti-Saloon» o la Unión de Mujeres Cristianas por la Templanza) habían empezado a influir en la opinión pública y tan fuertes, de hecho, eran los sentimientos contra el alcohol en ese momento que los activistas políticos llegaron a destrozar tabernas, arriesgándose a ir a la cárcel. Esto se refleja en publicaciones autobiográficas de la época como el libro de Carry Nation de 1908, *The Use and Need of the Life of Carry A. Nation*, en el que relata los pasos que adoptó para subvertir y vandalizar salones en Kansas:

> Corrí detrás de la barra, rompí el espejo y todas las botellas de debajo; cogí la caja registradora, la tiré al suelo; luego rompí los grifos de la heladera, abrí la puerta y corté los tubos de goma que conducían la cerveza (...); tiré la máquina tragamonedas, partiéndola, y saqué de ella un trozo de hierro afilado con el que abrí los tapones de los barriles de cerveza y abrí los grifos de los barriles, y luego la cerveza voló en todas direcciones y yo estaba completamente empapada. Entró un policía y me arrestó muy afablemente.

Además de causar ocasionalmente daños a la propiedad en establecimientos tipo salón, el movimiento de la templanza también trabajó activamente para sabotear políticamente la industria del alcohol. Específicamente, los esfuerzos combinados de activistas y miembros del Congreso movilizaron propuestas para lo que se convirtió en la Decimoctava Enmienda de la Constitución de los Estados Unidos en 1917, que impuso la prohibición de la venta, el transporte y la fabricación de alcohol. Tales prohibiciones no duraron para siempre, por supuesto, pero su aprobación fue uno de los muchos eventos que provocaron un alejamiento de la cultura del salón, la cantina y la casa de apuestas, que había sido tan prominente en la frontera de Estados Unidos.

Se produjeron cambios adicionales, en parte, como resultado de la innovación. Las últimas décadas del siglo XIX fueron testigo de la invención del teléfono, pero luego, en 1915, la edición del 16 de febrero del *Wausau Pilot* registró que Alexander Graham Bell y sus ingenieros habían completado la primera línea telefónica transcontinental. Hablando sobre un circuito de más de diez mil kilómetros de largo, Bell, en Nueva York, mantuvo una conversación con su asistente, que estaba ubicado al otro lado del continente, en San Francisco, California. El proyecto, como indicó el periódico, era la «columna vertebral» de una red que constaba de treinta y tres millones de kilómetros de cable entretejidos alrededor de nueve millones de estaciones telefónicas. En octubre del mismo año, el *Philadelphia Inquirer* (26 de octubre de 1915) informó sobre cómo el sistema ya estaba en uso y cómo el Sr. Charles Corse logró salvar su tensa relación con la señorita Doris Jones dándole una serenata con la obra de Piotr Tchaikovsky *Romance en fa menor* a través de una llamada telefónica (que, según la publicación, costó sesenta y siete dólares con noventa centavos). En un periodo relativamente corto, el teléfono se convirtió en una herramienta imprescindible para millones de esta-

«Why not...?». Un anuncio de 1904 sobre la «conveniencia y economía» de instalar el teléfono en las granjas y los ranchos de los Estados Unidos.

dounidenses porque, a diferencia del telégrafo o los servicios de correo de la época, los sistemas telefónicos permitían que cualquier persona con acceso se beneficiara de una comunicación casi instantánea, lo que lo convertía en una de las varias tecnologías que a principios del siglo xx revolucionaron la sociedad en los ámbitos personal, profesional y estatal.

Una segunda innovación se produjo con respecto a la forma en que se realizaron las investigaciones criminales y coincidió con lo que acabaría siendo el último robo de diligencias en la historia del salvaje Oeste. Según múltiples fuentes, el robo tuvo lugar el 5 de diciembre de 1916, cuando el vagón de correo de Fred Searcy fue enviado a la pequeña y apartada ciudad de Jarbidge, Nevada. Se esperaba que la diligencia entregara un pago de varios miles de dólares a los mineros que habían ido a la región a buscar oro, pero, a pesar de que se vio a la diligencia conduciendo a través de la nieve a cierta distancia de su destino final, nunca se materializó. Al no llegar a la hora prevista, un pequeño grupo de hombres organizó una búsqueda para encontrar el vagón mientras se investigaba localmente si el conductor Searcy había sido visto por alguno de los lugareños. Pronto se supo la última ubicación de la diligencia y, tras un minucioso registro por la zona por donde supuestamente había pasado, se halló tanto el vagón de correo desaparecido como al conductor, que estaba muerto.

Según la edición del 6 de diciembre de 1916 del *Elko Independent*, que proporcionó un informe tomado de una entrevista telefónica con el residente de Jarbidge W. W. Fisk, el vagón de correo había sido escondido en la nieve a unas pocas docenas de metros fuera de los límites de la ciudad, en un grupo de sauces. El conductor de la diligencia, Fred Searcy, recibió un disparo por la espalda y, al registrar el vagón, se constató que robaron varios miles de dólares de pago de los sacos de correo. Cerca de la ciudad, las autoridades encontraron un abrigo empapado de sangre con cerca de doscientos dólares en plata, debajo de un puente; el mismo periódico —ocho días después— indicó que se usó como prueba para arrestar a un hombre llamado Ben Kuhl y dos de sus socios.

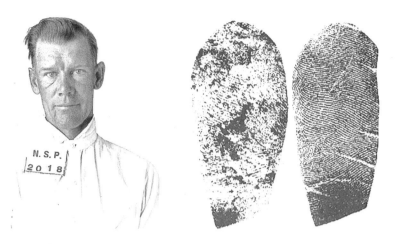

Foto policial de Ben Kuhl y huellas palmares (izqda.: la hallada en un sobre ensagrentado; dcha.: la tomada en la prisión) [Nevada State Penitentiary, *PD*].

El *Twin Falls Times* (12 de diciembre de 1916) dio una descripción más completa de los hechos, aclarando que las autoridades descubrieron dónde ocurrió el crimen por las huellas desviadas del vagón y un rastro de sangre, lo que sugería que el conductor colgaba sobre el borde la diligencia hasta que el ladrón logró retomar el control de los caballos y del vehículo. La publicación desveló que el autor del crimen había revisado el correo a fondo y que las pruebas circunstanciales y antecedentes penales indicaban que Ben Kuhl era el principal sospechoso. Sin embargo, lo que hace que el caso sea trascendental no son las razones por las que se sospechó de Kuhl, sino cómo finalmente fue condenado por el crimen. El 9 de octubre de 1917, el *Twin Falls Times* explicó:

> Mientras buscaba en los sacos, la huella de la mano ensangrentada del asesino quedó en un sobre que fue descubierto por las autoridades postales cuando llegaron a la escena del crimen.
>
> Este fue puesto a cargo del alguacil Harris, quien rápidamente se puso en comunicación con C. H. Stone, superintendente de la Oficina de Identificación del Departamento de Policía en Bakersfield, California.

(...) El Sr. Stone es reconocido en la costa del Pacífico como uno de los principales expertos en huellas dactilares y, en el recibo del sobre que contenía las huellas ensangrentadas, escribió al alguacil Harris que se trataba de una porción de la palma de la mano izquierda y que, si le enviaba las huellas de los tres hombres sospechosos del crimen, haría una comparación...

Se hicieron las ampliaciones y los negativos de la huella ensangrentada del sobre y de la que el *sheriff* Harris tomó de la palma de la mano de Kuhl y se colocaron ambas en el mismo plano para que el jurado pudiera hacer las comparaciones y verlas.

El periódico prosiguió manifestando que las huellas palmares eran una forma de prueba nueva en los tribunales de justicia y, en sus esfuerzos por convencer a la corte de que la prueba era admisible, las autoridades habían seleccionado dieciocho puntos de similitudes entre la prueba reunida y las huellas palmares de Ben Kuhl por comparación (cuando, para las comparaciones de huellas dactilares, ocho o nueve características distintivas eran suficientes para establecer una coincidencia concluyente). La similitud más condenatoria fue un patrón particular que existía en la palma de Ben Kuhl y, después de mostrar un conjunto de huellas ampliadas usando proyectores, el superintendente Stone hizo una declaración en la corte afirmando: «Estoy tan seguro como es humanamente posible estar seguro de cualquier cosa, tan seguro como que estoy aquí en esta sala del tribunal, de que esas dos huellas fueron hechas por la misma mano». Como resultado de la prueba de la huella palmar, Ben Kuhl fue condenado por el robo del vagón de correo de Jarbidge y el asesinato de Fred Searcy y pasó los siguientes veintiocho años en prisión.

El último robo de diligencias forma parte de una época en que las investigaciones forenses estaban dando un paso adelante en la identificación de los criminales, pero, aunque este fue un avance importante, no se trató de la única innovación que ayudó al Gobierno estadounidense. Por otra parte, el servicio postal nacional llegó a introducir un nuevo elemento: vehículos motorizados, a principios del siglo XX, como parte de su programa de correos «Rural Free Delivery». Pronto, inventos como las motocicletas de tres ruedas, los carteros motorizados y los aviones de correo empezaron a mover cartas y paquetes por todo el país. Con el tiempo, los vagones de correo antiguos se fueron eliminando, hasta que, al final, solo los destinos propiamente rurales y de difícil acceso (como el pueblo minero de Jarbidge) continuaron requiriendo su uso, lo que evidencia en parte por qué dejaron de ocurrir los robos de diligencias típicos del viejo Oeste.

La siguiente entidad de Gobierno en adoptar las tecnologías nuevas fue el Ejército nacional. El mismo año en que ocurrieron los hechos de Jarbidge, el revolucionario Pancho Villa cruzó la frontera de los Estados Unidos con quinien-

Lieut. C.G. Chapman preparing for a scouting expedition at Casas Grandes, Mexico; Mexican - U. S. campaign after Villa, 1916 [Library of Congress].

tos hombres para realizar una incursión en la ciudad de Columbus, Nuevo Méjico. El ataque, que tuvo lugar el 6 de marzo de 1916, derivó en la muerte de diecisiete estadounidenses y provocó que el Ejército lanzara una expedición de represalia para someter al líder mexicano y sus fuerzas paramilitares. El 12 de marzo de 1916, el periódico *Nebraska State Journal* publicó un artículo en el que se detallaba cómo, para la campaña contra Pancho Villa, las fuerzas armadas de los Estados Unidos habían decidido implementar por primera vez un escuadrón aéreo como medio para obtener inteligencia sobre las posiciones enemigas y sus maniobras. También reveló que otros vehículos jugarían un papel en la expedición:

> El equipo, además de los ocho aviones, consta de veinte camiones de motor pesado y cinco motocicletas, estas últimas utilizadas para el transporte rápido de gasolina y de partes de máquinas averiadas. El escuadrón utiliza biplanos Curtiss con motores de 80 a 100 caballos de fuerza. Cada máquina pesa alrededor de 1350 libras y llevará 450 libras o un observador con cada piloto. Veinticinco cañones de avión y cantidad de municiones irán adelante con los camiones de motor, se entiende.

Publicaciones periódicas posteriores, como la edición del *Ford County Press* el 31 de marzo de 1916, proporcionaron actualizaciones sobre los esfuerzos del ejército en Méjico, describiendo cómo los camiones lograron mantener la cadena de suministro mientras los nuevos medios de transporte ayudaron a los militares a avanzar en su búsqueda. A pesar de que las fuerzas estadounidenses finalmente no capturaron al revolucionario mejicano, el evento señaló el momento determinante en que el Ejército de los Estados Unidos decidió emplear vehículos como un medio para conseguir una ventaja táctica en una operación militar, quizá presagiando la importancia que tendrían en maniobras futuras como la Primera Guerra Mundial.

Además de formar parte de los programas de servicio postal y de los planes del Ejército estadounidense, los vehículos motorizados también tuvieron un papel en uno de los últimos eventos de la historia del salvaje Oeste: la guerra de Posey. El suceso tiene su origen en un conflicto duradero entre la tribu payute y los Estados Unidos por la posesión de tierras ancestrales en el actual condado de San Juan, Utah. En realidad, era un conflicto que había empezado en el siglo XIX pero que alcanzó su punto más álgido en febrero de 1923, cuando dos jóvenes indios invadieron terrenos privados, asaltaron y robaron al dueño de un rebaño de ovejas, sacrificaron un borrego y quemaron un puente. El 21 de marzo de 1923, el diario *The Gazette* informó que los jóvenes en cuestión fueron arrestados por el *sheriff* y llevados a juicio en el pueblo de Blanding. Allí, fueron declarados cul-

Prisioneros de la guerra de Bluff [o de Posey] en la estación de tren de Thompson, Utah, en marzo de 1915. El jefe payute Posey es el tercero por la derecha [State of Utah, Utah State Historical Society, PD].

pables de haber cometido hurto e iban a ser sentenciados esa misma tarde, pero en aquel momento estalló la violencia entre los residentes blancos y los indígenas americanos. Según el periódico, cuando el tribunal hizo un receso para almorzar, uno de los culpables intentó huir de las autoridades, iniciando la siguiente secuencia de hechos:

El *sheriff* Oliver sacó su arma y le dijo al indio que tendría que encadenarlo y traerlo. El indio corrió hacia un caballo atado cerca para escapar. En respuesta, el *sheriff* intentó disparar su arma, que no disparó. El alguacil Oliver, arma en mano, agarró las riendas del caballo del indio y se produjo un enfrentamiento en que el indio le quitó el arma al alguacil y comenzó a correr.

Después, el *sheriff* Oliver se dirigió a su casa, cogió otra pistola y se fue tras el indio, que mientras tanto había hallado la falla del arma y la había subsanado...

Resultó una pelea; el indio disparó al caballo del *sheriff* bajo él con el arma del *sheriff*. Evidentemente, otros indios en el juicio tenían armas ocultas encima y se unieron a los fugitivos en la huida.

Cuando una patrulla de vigilantes los atrapó, varios indígenas estaban con los fugitivos y tenían rifles de alto poder. Le dispararon a un caballo debajo de un diputado y le metieron dos balas en la ropa a otro. Esto ocurrió a dos millas de la ciudad. En ese momento apareció un coche cargado de diputados y los indios le dispararon cinco tiros. Una bala atravesó longitudinalmente el asiento del automóvil en el que estaban sentados tres agentes y otra bala perforó una llanta. Los vigilantes rodearon a la docena o más de indios y siguió una larga pelea.

El mismo día, el *Provo Post* publicó un artículo informativo que narraba cómo una patrulla de vigilantes persiguió a los indígenas utilizando automóviles y camiones agrícolas, que luego resultaron dañados por disparos de armas de fuego. La publicación también indica que las autoridades usaron otros medios tecnológicos en la búsqueda de los indios a lo largo del día. A instancias del mariscal de los Estados Unidos Ray Ward, por ejemplo, se enviaron telégrafos desde Blanding al Departamento de Guerra de los Estados Unidos solicitando un avión del ejército para seguir los movimientos de la tribu (aunque al final no se concedió dicho permiso). El artículo desvela asimismo que los residentes de Blanding actuaron para coordinar la persecución de los criminales con una estación de radio, para que los oficiales pudieran estar informados de los acontecimientos.

Al final, ninguna de las tecnologías implementadas fue clave en la localización de los fugitivos, aunque las autoridades intentaron aprovecharlas en todo momento. Pero más importante que el uso de vehículos o tecnología es que este evento, que terminó con la muerte del jefe Posey de los payute y el éxodo masivo de la tribu, fue el último conflicto armado entre las autoridades de Estados Unidos y los indios americanos. Después de 1923, las poblaciones nativas ya no representaban una amenaza grave para el Gobierno, porque la gran mayoría había sido obligada a salir de su tierra o fue reubicada en reservas, integrada adecuadamente en la sociedad occidental o erradicada. Es verdad que la muerte del jefe Posey no fue un evento que lograse influir en la nación o dar forma a la cultura popular, pero significó la desaparición de la última fuente notable de resistencia a la civilización estadounidense.

LA OPORTUNIDAD

Ocurrieron otros cambios que transformaron a los Estados Unidos en el país con el que los lectores modernos están familiarizados. En las primeras décadas del siglo xx, la radio y el cine se convirtieron en importantes industrias del entretenimiento y una liga nueva de béisbol comenzó a albergar en campeonatos nacionales desde la costa este hasta ciudades tan lejanas como Saint Louis, gracias a la facilidad con la que los equipos podían viajar. En 1925, la Ford Motor Company inició la construcción del avión Ford Trimotor, de doce pasajeros, que fue el primer servicio aéreo estadounidense exitoso. La primera cadena de comida rápida, White Castle, empezó a abrir restaurantes utilizando una técnica de línea de montaje que les permitía producir hamburguesas que eran uniformes en sabor y apariencia. También, el auge de las industrias del acero condujo a la construcción de edificios altos que utilizaban marcos estructurales de carga, que culminaron en el desarrollo de los rascacielos icónicos del siglo xx, como el famoso Empire State.

Estos cambios transformaron a Estados Unidos en algo más moderno y, a medida que el país se transformaba, también pasó lo mismo con el sueño americano. Antes de la llegada de las innovaciones del siglo xx, el Oeste se había definido por su brutal lejanía y su carácter espartano. En esta tierra sin explotar, cualquiera podría buscar oportunidades y aquellos que tuvieron éxito (ya fuera a través de la habilidad, el trabajo duro, la buena suerte o la fuerza) fueron las personas que lograron prosperar en medio de la reclusión, las dificultades o el peligro y encontraron un pedazo de tierra para asentarse, comodidad o incluso una cierta cantidad de lujo.

Con la llegada del siglo xx, el teléfono y la radio eliminaron el marcado aislamiento que había existido entre las poblaciones de los Estados Unidos. Muchos de los peligros y desafíos a los que se enfrentaban los viajeros en el lejano Oeste se desvanecieron con la llegada de motocicletas, auto-

En la moderna Nueva York, desde mediados del siglo XIX, los vagones de carga podían circular por la Décima Avenida si no excedían las seis millas por hora. Para evitar accidentes y atropellos, se determinó que unos *cowboys* urbanos (que serían conocidos como «los vaqueros del lado oeste») acompañasen al tren portando una bandera roja —o una linterna durante la noche— para alertar a peatones y vehículos. Tristemente, aquella llegó a ser conocida como «la avenida de la Muerte». La mañana del 29 de marzo de 1941 vio cabalgar a su último vaquero: George Hayde, a lomos de Ciclón [Kalmbach Publishing Co.].

móviles, camiones y aviones y la red de carreteras que conectaba pueblos grandes y pequeños. Se podía detectar mejor a los criminales que robaban las diligencias y perseguir mejor a los forajidos más famosos; y los viejos enemigos del siglo xix que habían existido dentro de los límites de los Estados Unidos fueron sustituidos en gran medida por amenazas extranjeras a través de los vastos océanos. El auge de la industria ofrecía un empleo estable en el que ni la suerte ni los imprevistos eran factores decisivos para ganarse la vida y el brillo del acero y las ventanas pulidas de los rascacielos pronto empezaron a llamar la atención más rápido que las minas del oro. En medio de esta modernización, el pueblo estadounidense experimentó una especie de comodidad que, hasta ese momento, no tenía precedentes en la historia y la oportunidad se vinculó fuertemente con la capacidad de uno para aprovechar la industria y la innovación de la época.

Con el fin del salvaje Oeste, la búsqueda de la oportunidad, definitivamente, cambió. Pero, a pesar de que ya no se relacionaba con los picos y las palas o las barajas de cartas y las pistolas cargadas, es importante señalar que aquella búsqueda no es mucho más diferente de la que existe hoy. El prospector, el jugador y el bandido siguen existiendo, solo que, en lugar de llevar las herramientas de una época pasada, comenzaron a vestirse con los uniformes y trajes de la nueva. Igual que en el pasado, se cree que cualquier persona puede encontrar la fortuna en América; la única diferencia es que, en vez de estar bajo la tierra, en las regiones indómitas del país o en medio del bullicio de los pueblos de la frontera, la oportunidad se ha convertido en algo que perseguir entre ciudades industriales que tocan al cielo.

*　　　*　　　*

Agradecimientos

No puedo cerrar estas páginas sin agradecer antes a mi editor Antonio Cuesta, quien una vez más me brindó la oportunidad de adentrarme en la historia americana.

Gracias también a Fernando Alberca, quien es un gran amigo, mi mentor, y me acompaña en el camino.

Gracias a mi abuelo, cuyas pinturas despertaron por primera vez en mí el interés por el salvaje Oeste.

A mi abuela y su larga memoria de la vida, cuya sabiduría ha sabido extender desde lo más profundo de Nebraska.

A los profesores del Colegio Ahlzahir, mis compañeros, y referentes de mis hijos.

A los tres pilares de mi vida: mi esposa y mis dos hijos Marco y Martín, que son mis mayores alegrías.

A la memoria de Julio Castro.